D1573676

ISABELLA BIELICKI
10 Gebote der Elternliebe

ISABELLA BIELICKI

10 Gebote der Elternliebe

oder wie man Erziehungsfehler
rechtzeitig vermeidet

verlegt bei Kindler

Bild auf der Vorderseite des
Einbandes aus der Zeitschrift ELTERN.

© Copyright 1973 by Kindler Verlag GmbH, München
Alle Rechte vorbehalten auch die des teilweisen Abdrucks,
des öffentlichen Vortrags und der Übertragung in
Rundfunk und Fernsehen.
Redaktion: A. M. Fiebig
Korrekturen: M. Bergholz
Umschlaggestaltung: H. Numberger
Gesamtherstellung: Kultura, Budapest
Printed in Hungary
ISBN 3 463 00540 9

INHALT

EINLEITUNG 7

I ZEIG DEINEM KIND,
DASS DU ES LIEBST 9
Damit dein Kind nicht das Känguruh-Junge beneidet – Die Waisenkrankheit

II LERNE DEIN KIND KENNEN UND
VERSTEHEN 20
Der Schrei des Kindes – Es wächst und entwickelt sich – Wie eine Frucht in der Sonne – Es ist nicht immer Liebe auf den ersten Blick – Die erste Liebe

III DEIN KIND BRAUCHT DEN VATER
SO NOTWENDIG WIE DIE MUTTER . 33
Junge oder Mädchen – Die Männer sind immer jünger – Mutter und Vater – Der Vater ist ebenso notwendig wie die Mutter

IV GIB DEINEM KIND DIE BESTE,
DIE NATÜRLICHE NAHRUNG 44
Das weiße Blut der Mutter – Nicht vom Brot allein – Liebe geht durch den Magen – Von der Muttermilch zur Brotschnitte

V HILF DEINEM KIND SICH
ZU BERUHIGEN 55
Eine häßliche Angewohnheit oder eine Notwendigkeit – Ist der Schnuller so schrecklich? – Noch mehr über den Schnuller und das Fingerlutschen

VI ZWINGE DEIN KIND NICHT
ZUM ESSEN 62
Ein Medikament gegen Appetitmangel – Vor allem nicht schaden – Ein Rezept zum Entziffern – Der Suppenkaspar – Der Krieg um den Milchbrei

VII ERMUNTERE DEIN KIND, SICH UND
DIE WELT ZU ENTDECKEN   71
Das sehr wichtige Wörtchen »Nein« – Dein Kind entdeckt sich und die Welt – Zwei linke Händchen – Ein Meister der Pantomime – die richtige »Beeinflussung« – Lieber ist uns ein selbständiges Kind – Er ist so gern schmutzig

VIII NIMM DIR ZEIT, WENN DEIN KIND
NACH DIR RUFT   87
Komm, Sonja, ich nehme dich auf den Schoß – Wenn man sie an der Hand hält, lernen sie, mutig zu sein – Jörg ist noch kein guter Spielkamerad – Liebt Eva ihre Mama? – Das gute Herz der Lumpenpuppe – Laß ihn doch deine Hand fassen – Die Macht der Freude

IX HAB VERSTÄNDNIS
FÜR DIE KINDLICHE EIFERSUCHT . .   105
Auch Othello war einmal zwei Jahre alt – Wie äußert sich Peters Eifersucht? – Das Versuchskind – Auch der Jüngste hat seine Sorgen – Der Mittlere – Der Einzige – Was sich liebt, das neckt sich

X VERGISS NICHT, DASS DIE ERSTEN
JAHRE DER KINDHEIT FÜR DAS
GANZE LEBEN ENTSCHEIDEND SIND   122
Weder mit Drohungen noch durch Bitten – Dreimal ja – Wenn schon Wettbewerb, dann auf einem anderen Gebiet – Wer viel fragt, geht viel irr – Stoße ihn nicht zurück – Sei keine Schablone – Der Text ist wichtig – aber auch die Melodie – Zu früh in den Wettkampf – Thomas wartet auf ein Lob – Demütige ihn niemals – Die frühe Kindheit – ein kritisches Alter

NAMEN- UND SACHREGISTER   173

EINLEITUNG

Die Fähigkeit innerhalb der großen Familie der Völker zusammenzuleben und zusammenzuarbeiten, Achtung vor dem anderen Menschen zu haben, Verständnis und Toleranz zu zeigen, tiefer Gefühle und langandauernder Anstrengungen fähig zu sein: das ist es, was unsere Zeit von dem modernen Menschen fordert.

Ob der Mensch diesen Anforderungen gerecht werden kann, hängt in hohem Maße davon ab, auf welche Weise er erzogen wurde. An der Diskussion über Erziehung nehme ich als Kinderärztin teil. Von diesem Standpunkt aus versuche ich einige der Probleme zu erhellen, die mit dem Aufkeimen des Menschseins verbunden sind, mit der Entstehung und der Festigung menschlicher Charaktereigenschaften in der frühen Kindheit.

Dieses Buch habe ich vor allem für die Eltern geschrieben. Gerade ihnen möchte ich helfen, ihr Kind zu verstehen. Ich möchte ihnen seine eigene Welt zeigen, die Welt seiner Sehnsüchte, Ängste und Freuden – um ihnen so zu helfen, das Verhalten ihres Kindes mit beeinflussen zu können. Die Eltern, die ihr Kind lieben und es gleichzeitig verstehen, werden meist selbst den richtigen Weg finden.

Doch ein Kind zu kennen und es zu verstehen, ist keineswegs eine leichte Sache. Es erfordert die Mitwirkung der Vorstellungskraft und des Gefühls des Erwachsenen, es zwingt ihn dazu, sich selbst an den Platz des Kindes zu versetzen, auf seine Kindheitserinnerungen, seine eigenen Gefühlserlebnisse zurückzugreifen, um die Antwort auf die Frage zu finden, warum sich das Kind so und nicht anders verhält und – was sich daraus ergibt – wie man ihm

helfen kann. Wie kann man unnötigen Konflikten vorbeugen, wie die Hindernisse beiseite räumen, die auf dem Weg einer harmonischen Entwicklung liegen?
Wie häufig diese Konflikte sind und wie schwierig die Überwindung der Hindernisse, das weiß jeder Kinderarzt aus eigener Erfahrung. Die Ratschläge und Hinweise, die ich in diesem Buch gebe, sind sozusagen die Fortsetzung der Gespräche, die ich mit den Eltern meiner kleinen Patienten geführt habe, die Weiterführung der ärztlichen Beratung in der Sprechstunde. Sie erheben nicht den Anspruch, ein Handbuch zu bilden, das die gesamte Problematik der richtigen Entwicklung eines Kleinkindes ausschöpft. Ich beschränke mich auf die Dinge, die mir am wichtigsten erscheinen. Ich möchte es den Erwachsenen erleichtern, das Kind richtig und mit Wohlwollen zu sehen, ich möchte ihr Interesse an dem unvergleichlichen Wunder wecken, welches die Umwandlung eines Neugeborenen – eines nur menschenähnlichen Wesens – in ein denkendes und fühlendes Wesen, einen kleinen Menschen, darstellt.
Nicht ohne Einfluß auf den von mir eingenommenen Standpunkt sind natürlich meine ureigensten Erlebnisse, die ich bei der Erziehung meiner eigenen Kinder hatte – die Sorgen und die Freuden, die Erfolge und die Mißerfolge.

I ZEIG DEINEM KIND, DASS DU ES LIEBST

Charles Darwin war der erste, der erkannt hat, daß das ganze Pflanzen- und Tierreich untereinander verwandt ist, daß alle vorhandenen hochorganisierten Tiergattungen aus anderen, einfacheren Gattungen durch Evolution entstanden sind und daß sie ihrerseits einer ständigen Vervollkommnung unterliegen durch die unaufhörliche Anpassung an die sich ändernden Bedingungen der Umwelt. An der Spitze dieser riesigen Evolutionsleiter befindet sich der Mensch, die Gattung Homo sapiens. Vor vielen Millionen Jahren sonderte er sich vom Tierreich ab und durchläuft seitdem eine unaufhörliche Evolution, eine ständige Aufwärtsentwicklung. Den wilden, unbeholfenen Urmenschen hat er in prähistorischem Dunkel weit hinter sich gelassen – wenn er auch noch mit seinen Treiben und Verhaltensweisen ausgestattet ist. Doch vor sich sieht er die Vision des immer stärkeren, immer klügeren und immer besseren Menschen der Zukunft.

Wer aber trägt von Generation zu Generation die Errungenschaften des menschlichen Geistes und Verstandes weiter und wer wird in der Zukunft unsere immer kühneren Träume von der Beherrschung des Weltalls verwirklichen? Unsere Kinder. Ist es nicht unser größter Wunsch, das Ziel unseres Lebens, daß unsere Kinder besser, schöner und klüger werden als wir? Die Kinder sind doch unsere Zukunft, unser bestes, unsterbliches Teil.

Diese Tatsache ist dem menschlichen Bewußtsein nicht immer ganz klar. Wenn wir den Menschen mit den uns am nächsten verwandten Gattungen – den Menschenaffen – vergleichen, dann mit den weiter verwandten – den höheren Säugetieren, mit den Vögeln und Fischen, schließlich mit den Wirbellosen, dann sehen wir, daß mit dem Aufsteigen auf der Entwicklungsleiter die Dauer der Abhängigkeit des Jungen (des Kindes) von der Mutter immer mehr zunimmt, daß es immer mehr mütterlichen Schutz benötigt.

Das Füttern der Jungen mit einer vom Körper der Mutter produzierten Substanz, nämlich mit Milch, tritt erst bei den Säugetieren auf und ist ein Zeichen einer weit fortgeschrittenen Evolution. Innerhalb dieser Gattung gibt es eine besondere Gruppe von Tieren, die eine Placenta bilden. Zu ihnen gehört auch der Mensch. Die Placenta verschafft der Frucht die günstigsten Bedingungen für die Entwicklung und bietet absolute Sicherheit. Zwar entwickelt die Frucht während ihres Lebens im Mutterschoß ihren eigenen Blutkreislauf, der vom Kreislauf der Mutter völlig getrennt ist, aber dank diesem Organ gehen Sauerstoff und Wasser vom Blut der Mutter in das Blut der Frucht über, ebenso alle Nährstoffe, die für ihre Entwicklung notwendig sind. Umgekehrt verlassen Kohlendioxyd und andere Abbaustoffe auf diesem Weg den Organismus der Frucht. Darüber hinaus spielt die Placenta die Rolle eines Präzisionsfilters, der die Frucht wirksam vor dem Eindringen von Bakterien und anderen schädlichen Stoffen schützt. Die Placenta ermöglicht ein ruhiges, sicheres und langdauerndes Reifen der Frucht im Mutterschoß und die Geburt eines »fertigen« Kindes. Einem so differenzierten Wesen wie dem menschlichen Kind wird also von der Natur ein genügend langer Zeitraum gewährt, um unter den für den Organismus günstigsten Bedingungen heranzuwachsen.

Die bei den Säugetieren sichtbar werdende biologische Tendenz, die sehr enge Verbundenheit zwischen Mutter und Kind zu verlängern, zeigt sich nach der Geburt des Kindes in einer Lebensweise, die nur der Gattung Mensch eigen ist, nämlich im Zusammenleben innerhalb einer Familie. Neben der verhältnismäßig langen Zeit des Wachstums im Mutterleib zeichnet sich in der Entwicklung des Menschen auch eine ungewöhnlich lange und mit fortschrei-

tender Zivilisation sich immer mehr verlängernde Kindheit ab. Die Zeit des Heranreifens, die bei den Menschenaffen 5 Jahre beträgt, dauert beim Urmenschen schon 12–13 Jahre und hat sich inzwischen beträchtlich verlängert.
Die moderne Wissenschaft hält die Zeit der Jugend und des völligen Heranreifens des Menschen sogar erst mit 24 bis 30 Jahren für abgeschlossen.
Nur innerhalb einer Familie ist die ständig zunehmende Dauer der Kindheit und des Heranreifens überhaupt möglich.
In dieser Beziehung spielt eine dauerhafte Ehe und Familie im Leben des Kindes die gleiche Rolle wie die Placenta für das Leben im Mutterschoß. Die Familie befriedigt die körperlichen und seelischen Bedürfnisse des Kindes, sie gibt ihm das Gefühl der Sicherheit. Die Weisheit unserer Sprache, die sich in Jahrhunderten herausgebildet hat, stellt nicht umsonst die Begriffe »im Schoße der Mutter« und »im Schoße der Familie« nahe nebeneinander.
Die Voraussetzung dafür, daß ein Kind der Gattung Homo sapiens sich seinen Anlagen gemäß voll entwickeln kann, ist das Heranreifen während einer verhältnismäßig langen Zeit im Schoße einer harmonischen, dauerhaften Familie.
Die Kinder, deren häusliches Milieu zerrüttet wurde und deren Sicherheitsgefühl erschüttert ist, werden frühzeitig des lebenspendenden Mutterschoßes, der Familie, beraubt. Das Leben kann für sie so schwer werden wie der erste Atemzug eines zu früh geborenen Kindes.

Damit dein Kind nicht das Känguruh-Junge beneidet

Der Mutterinstinkt und der Instinkt, die Nachkommenschaft zu schützen, ist neben dem Selbsterhaltungstrieb einer der stärksten Triebe, die das Verhalten der Menschen und Tiere bestimmen.
Der Mutterinstinkt ist angeboren. Man braucht einer Löwin nicht erst beizubringen, wie sie das Lager bereiten soll,

wie sie das neugeborene Löwenjunge wärmen und nähren soll. Man braucht das Mutterschaf nicht zu lehren, wie es das Lamm schützen soll. Man muß auch der Känguruh-Mutter nicht beibringen, wie sie ihr Junges, das warm und bequem in ihrem Beutel heranwächst, für das selbständige Leben vorbereiten soll. Unter den Bedingungen des ursprünglichen Lebens leitet der Instinkt die Tiermutter unfehlbar richtig.

Bei jungen Säugetieren unterscheiden einige Wissenschaftler Höhlensäuglinge, wie die jungen Raubtiere, die in Höhlen aufgezogen werden; die Jungen von Huftieren, die daran angepaßt sind, kurz nach der Geburt hinter der Mutter und der übrigen Herde herlaufen zu können; die »Brustsäuglinge«, wie die jungen Affen, die ihre Kindheit angeklammert an die Mutter verbringen; und schließlich die sogenannten »Beutelsäuglinge«, wie die Känguruh-Jungen, die in einer Tasche am Körper der Mutter zum selbständigen Leben heranwachsen.

Und wie steht es mit dem Menschen? Den menschlichen Säugling müßte man, ebenso wie die jungen Affen, unter den Bedingungen des Urzustandes zur Kategorie der Brustsäuglinge zählen.

Ein Rest dieser Verbindung des Menschen mit seinen Tiervorfahren ist der sogenannte »Umarmungsreflex«, wie man ihn bei jedem Neugeborenen beobachten kann. Bei einer plötzlichen Änderung der Lage streckt sich das Kind ganz aus, bewegt die Ärmchen, spreizt die Fingerchen, als ob es etwas fassen, etwas umarmen wolle.

Bei primitiven Völkern, zum Beispiel bei den Völkerschaften des arabischen Nordafrika, bleiben die menschlichen Säuglinge im wörtlichen Sinne »Brustsäuglinge«. Die Sitte verlangt, daß das Kind von der Geburt bis zum Ende des ersten und manchmal des zweiten Lebensjahres, das heißt für die ganze Säuglingszeit bis zu dem Zeitpunkt, an dem es laufen, allein essen und sprechen lernt, an der Brust gehalten wird, angebunden an den Körper der Mutter mit einem Band, das nur diesem Zweck dient. So wird die Zeit

des körperlichen Verbundenseins der Mutter mit dem Kind verlängert, obwohl die physiologische Schwangerschaft mit der Geburt und der Durchtrennung der Nabelschnur geendet hat.
Die Errungenschaften der Zivilisation haben dem Menschen viel Gutes gebracht. Sie haben leider auch dazu geführt, das Neugeborene nicht den Armen der Mutter zu überlassen. Unter den heutigen Bedingungen wird der mütterliche Urinstinkt oft erschüttert und geschwächt. Wir Ärzte können das besonders häufig beobachten.
Aber auch im Atomzeitalter und trotz der schwindelerregenden Aussichten, die uns die interplanetarische Weltraumfahrt eröffnet, bleiben die grundlegenden seelisch-körperlichen Gesetze, die das Leben der Menschen regieren, unverändert.
Die Gesetze des Lebens, der Liebe, der Geburt und des Todes.
Das menschliche Neugeborene – der zukünftige Bewohner des Weltalls – tritt hilflos und schwächlicher ins Leben als ein blindes Kätzchen. Viele Monate müssen vergehen, bevor man zu ihm »Mensch« sagen kann. Diesen schwierigen Weg zum Menschsein kann es in den Armen einer liebenden Mutter leichter hinter sich bringen. Sie allein ist vorerst seine ganze Welt. Sie ist durch kein Elektronengehirn und keinen atomgetriebenen Satelliten zu ersetzen.
Wie sich in den Armen der Mutter die menschlichen Eigenschaften ihres Kindes herausbilden, vom Mutterinstinkt und noch von anderen Dingen, davon handeln die folgenden Kapitel.

Die Waisenkrankheit

Die sieben Monate alte Bärbel M. wurde in die Rehabilitationsanstalt eingeliefert wegen allgemeiner Unterentwicklung und Auszehrung des Organismus. Es wurde angeborener Zwergwuchs vermutet. Obwohl sie sieben Monate alt war, hatte sie noch das Gewicht und die Größe eines Neugeborenen. Auf dem mageren, schlaffen Hals konnte sich das unverhältnismäßig große Köpfchen nicht halten. Sie konnte noch nicht sitzen. Die Beinchen hatte sie angezogen, die Ärmchen waren mager, schwächlich, blaß. In diesem Zwergenkörper überraschten nur die großen, ausdrucksvollen, frühreifen Augen, die sich an das Gesicht eines Erwachsenen hefteten, jeder seiner Bewegungen folgten ... jedoch jedem näheren Kontakt auswichen, indem sie sich dann sofort wieder mit den Lidern bedeckten. Vergebens suchten wir einen Zugang zu diesem Kind. Die einzige Antwort auf jeden Versuch der Annäherung war das Schließen der Augen, ein schmerzliches, greisenhaftes Verziehen des Mundes und ein stilles, eintöniges Wimmern, ein Mittelding zwischen Schluchzen und dem Piepen eines Kükens. Ein hoffnungsloses, untröstliches Wesen, ein menschliches Küken, das man aus dem Nest geworfen hatte. Ihre Mutter ist ledig, ihr Vater unbekannt. Die Mutter, zeitweise im Dorf als Viehhüterin beschäftigt, interessiert sich nicht für Bärbel, ebensowenig wie für ihre beiden älteren Kinder, die in einem Waisenhaus untergebracht sind. Bärbel wurde in einem Krankenhaus geboren und ist in den ersten sieben Monaten ihres Lebens von einem Krankenhaus ins andere überwiesen worden, dann kam sie ins Waisenhaus bis sie schließlich wieder im Krankenhaus landete. Von dort wurde sie in die Abteilung für pathologische Entwicklungsstörungen gebracht. In den Aufnahmepapieren notierten wir die Diagnose: Bärbels Zustand ist die Folge des sogenannten Verwaisungssyndroms, einer Krankheit, die von anderen auch Hospitalismus genannt wird.

Es handelt sich dabei um ein charakteristisches Syndrom körperlicher und seelischer Auszehrung bei Kindern, die das für sie natürliche und lebensnotwendige Klima einer normalen menschlichen Familie entbehren müssen. Die französischen Forscher gebrauchen in diesem Fall die Bezeichnung: »Maladie de carence de soins maternels«, d. h.

die Krankheit, die durch Mangel an mütterlicher Fürsorge verursacht wird.

In den schwersten Fällen beobachten wir Grenzzustände körperlicher und seelischer Erschöpfung, die sich nur mit dem Bild menschlichen Elends vergleichen lassen, wie es Gefangene von Konzentrationslagern darboten.

Gerade mit dieser Art von schwersten Fällen begannen wir in unserer Anstalt im Jahr 1953 die Forschungsarbeiten am Problem der Waisenkrankheit.

Der schwierigste Fall unter den von uns beobachteten Kindern war Andreas K., der im Alter von zwei Jahren im Zustand äußerster Erschöpfung und mit so schweren Verhaltensstörungen eingeliefert wurde, daß selbst das Pflegepersonal, das an den Anblick schwerkranker Kinder gewöhnt war, von Entsetzen gepackt wurde.

Andreas hatte sich in den ersten neun Monaten seines Lebens gut entwickelt. Seine Mutter, eine alleinstehende Frau, liebte das Kind sehr und sorgte für alle seine Bedürfnisse. Im 10. Lebensmonat des Kindes erkrankte die Mutter schwer, und das Kind wurde in die Anstalt gegeben. Die nächsten 14 Monate war es ununterbrochen krank, Aufenthalte im Krankenhaus wechselten ab mit der Rückkehr in die Anstalt. Im Laufe dieser 14 Monate verwandelte sich Andreas aus einem molligen, plappernden, lächelnden Säugling in ein mit grauer, runzliger Haut bedecktes Skelett. Das Gesicht eines Greises mit erschreckten und todmüden Augen.

Ständiges Sich-hin-und-her-werfen von einer Seite auf die andere, wobei er mit der Hand die Augen bedeckte, vervollständigten das Bild. Schrecklich, den Wahnsinn in den Augen eines zweijährigen Kindes zu sehen. So etwas kann man nicht vergessen. Die Trennung von der Mutter trat gerade zu der Zeit ein, in der das Gefühlsleben des Kindes aufkeimte, in der seine Empfindsamkeit genügend ausgeprägt war, um die Mutter von allen Personen und Gegenständen seiner Umgebung unterscheiden zu können, gerade dann, als die ersten Regungen menschlicher Gefühle, das erste »Mama« und das erste »gib!« nach Erfüllung drängten. Ein Gedanke hatte begonnen, sich auszubreiten – daß nämlich das Warme, Glatte, Zärtliche, das was satt macht und wärmt, streichelt und an sich drückt, daß alles das die Mutter ist.

Deshalb das noch krampfhaftere Festhalten an dieser Mutter, der Quelle des Guten. Und dann, am Ende des ersten Lebensjahres, schlägt das Schicksal zu, nimmt Andreas die Mutter weg, die ganze Welt stürzt ein, es bleibt nur der Krankensaal, die äußerste Einsamkeit und die Angst. Keines der menschlichen Gesichter, mit denen Andreas im Laufe der 14 Monate zusammenkommt, hat die Zeit oder die Möglichkeit, so lange bei ihm zu verweilen, daß er sich daran gewöhnen, es von den anderen unterscheiden kann. Für Andreas sorgen alle, das heißt niemand. Und Andreas reagiert auf diese Situation der Angst und der Einsamkeit mit Protest, mit den Mitteln, die ihm zur Verfügung stehen – mit Hungerstreik, Verlust des Appetits, mit Selbstmord durch Hunger.

Andreas ist keine Ausnahme auf diesem Gebiet: Die Verweigerung des Essens ist oft die Reaktion bei Kindern, die des Gefühls der Sicherheit und der Zugehörigkeit beraubt sind, wie es nur die Liebe und der Schutz dieser einen Person verleiht: der Mutter.

»Geistige Unterentwicklung, Appetitverlust und charakterliche Störungen, die sich in Wutanfällen äußern, Herumwälzen auf dem Boden und ein völliger Mangel an Kontaktfähigkeit« – so lautete die Diagnose, mit der die zweieinhalbjährige Sonja B. nach einem Aufenthalt von fünf Monaten in einem Kleinkinderheim zu uns geschickt wurde.

Wie war Sonjas Geschichte?

Sonjas Mutter, eine junge, gesunde und talentierte Frau, kam aus ihrem Heimatdorf in die Großstadt, um hier ihre Ausbildung auf der Bildhauerschule zu beenden. Sie verließ das Haus nach stürmischen Auseinandersetzungen mit ihrem Mann. Eine wohlwollende und einflußreiche Be-

kannte half der jungen Frau, natürlich in der besten Absicht, ihre zwei kleinen Töchterchen unterzubringen, jedes in einem anderen Kinderheim. Sie behauptete, daß es ihnen dort an nichts fehlen würde und daß sie dort besser erzogen würden als bei der Großmutter, einer recht einfachen, ungebildeten Frau.
Die Mädchen verzweifelten. Es verzweifelte auch die Mutter. Das ältere Töchterchen sah sie häufiger. Dafür wurde ihr Sonja, wegen eines obligatorischen Quarantäne-Reglements, nur hinter einer Scheibe gezeigt. Sonja, das kleine Mädchen, ging aus Sehnsucht nach der Mutter langsam zugrunde. Fünf Monate lang wehrte sie sich ausdauernd und hartnäckig gegen jeden Kontakt mit der sie umgebenden gleichgültigen Welt, die nicht ihre Mutter war. Sie nahm keine Nahrung zu sich, die ganze Nacht verbrachte sie schlaflos, indem sie sich von einer Seite auf die andere warf. Sie war so müde vom Weinen, daß sie nur noch leise stöhnte. Wenn man sie aus dem Bettchen nahm und mit ihr Kontakt zu gewinnen suchte, warf sie sich auf die Erde und schlug mit dem Kopf auf den Boden.
In diesem Zustand wurde uns Sonja in die Rehabilitationsabteilung gebracht. Es gab nur ein sicheres Mittel ihr zu helfen: Wir schafften die Mutter herbei. Einige Wochen lang verbrachte sie täglich den ganzen Nachmittag in unserer Abteilung und spielte mit ihrem Kind.
Unter den wärmenden Strahlen der mütterlichen Liebe erholte sich Sonja zusehends, bekam wieder Appetit und wurde bald gesund. Wir beschlossen dann gemeinsam, daß Sonja zur Großmutter zurückkehren solle. Ein halbes Jahr lang hatten wir Verbindung mit der ganzen Familie. Die Briefe und Fotografien, die wir erhielten, zeigten am allerbesten, daß es Sonja zu Hause gut ging.
Ich habe hier nur drei Beispiele angeführt aus der reichhaltigen Sammlung von Kinderdramen, die wir kennengelernt haben.
Nicht immer nimmt die geistige Verkrüppelung, die durch die Verwaisung verursacht wurde, solche sichtbaren For-

men an. Viel häufiger verläuft sie fast ohne Symptome und äußert sich nur in der Sphäre, die ernsthaft geschädigt wurde, das heißt in der Gefühlssphäre.

Viele von den Kindern mit dauerhafter und nicht wieder gutzumachender Unterentwicklung vermehren später die Zahl der Insassen von Fürsorgeheimen und ähnlichen Anstalten – eine lebenslange Last für die Gesellschaft und den Steuerzahler. Viele werden zu Verbrechern. Unsere Erfahrung zeigt: je stärker die Persönlichkeit eines Kindes entwickelt ist, desto heftiger ist sein Protest auf die Trennung von der Mutter und desto schwerer sind die Folgen der Verwaisung. Nicht immer läßt sich die Krankheit so leicht und schnell besiegen wie bei der kleinen Sonja. Nicht immer ist eine Mama und eine liebevolle Oma da, zu der das Kind zurückkehren kann.

Bei der anfangs erwähnten Bärbel dauerte die Rehabilitation lange und war sehr viel schwieriger.

Kleinkinder ohne Familie, auch wenn man sie in das scheinbar beste Kinderheim steckt, entwickeln sich nicht normal.

Wenn sie sich in einer Gemeinschaft befinden, staunt man oft über ihre Unterordnung und ihre gehorsame Befolgung aller Anordnungen, die aber von Zeit zu Zeit von verzweifelten Bosheitsanfällen gegen einen Kameraden oder ein Spielzeug unterbrochen werden.

Am Ende steht Resignation, sowohl in bezug auf die Gefühle des Aufbegehrens wie auf die Gefühle der Liebe und Anhänglichkeit.

Diese Verkrüppelung der Seele, die in der frühen Kindheit verursacht wurde, hinterläßt oft dauerhafte Spuren für das ganze Leben: Es wachsen Menschen heran, die niemanden lieben können, die sich an niemanden anschließen können, bei denen in früher Kindheit alle Leitungen abgetrennt wurden, die sie an die Welt der anderen Menschen binden könnten. Das ganze Leben lang kann ein solcher Mensch die grausame Gleichgültigkeit seiner ersten Jahre mit sich herumschleppen. Sie sind Fremde für diejenigen, die ihnen nahe sein sollten, gegen ihre Eltern gleichgültige und oft grausame Söhne und Töchter, böse Ehemänner oder -frauen und häufig entartete Väter und Mütter. Wir dürfen die Gefahr der Verwaisung und ihre Folgen nicht unterschätzen, nur weil es manchmal Leute gibt, die ihre Kindheit in einer Anstalt verbracht haben oder sonstwie den schädlichen Auswirkungen der Verwaisung ausgesetzt waren und die doch zu vollwertigen Menschen geworden sind.

Wir haben die Erfahrung gemacht, daß die beschriebenen klinischen Symptome der Waisenkrankheit auch bei Kindern auftreten können, die eigentlich ihr Elternhaus nicht verloren haben, die aber in ihrer Familie nicht das passende Gefühlsklima finden – sozusagen »Waisen im eigenen Hause«.

Die weitreichenden Folgen der frühen Verwaisung haben es mit sich gebracht, daß die moderne Wissenschaft von Grund auf die Probleme wieder untersuchen muß, die schon endgültig gelöst schienen. Die Ergebnisse dieser Forschungen sind eine Warnung, die elterlichen Verpflichtungen nicht bedenkenlos zu vernachlässigen, das Heim der Familie nicht leichtfertig aufzulösen in der trügerischen Hoffnung, daß der »Staat die Kinder schon erziehen wird«.

Die Notwendigkeit, dem Entstehen der Waisenkrankheit rechtzeitig vorzubeugen, erfordert eine schnelle Antwort auf die Frage, wie man den Kampf mit der echten Verwaisung und der Verwaisung von Kindern, die aus gestörten Familienverhältnissen stammen, führen soll.

Damit ist auch die Notwendigkeit verbunden, die rechtlichen Grundlagen zu revidieren, um die Unterbringung eines Kindes in einer Ersatz- oder Adoptivfamilie zu erleichtern und die Gewährung verschiedener Formen von Hilfe für die Familie und für das Kind zu sichern.

II LERNE DEIN KIND KENNEN UND VERSTEHEN

Der Schrei des Kindes

Bevor das Kind sprechen lernt, gibt es seine Bedürfnisse mit Hilfe der sogenannten präverbalen, säuglingshaften Formen der Verständigung kund. Zu ihnen gehören das Schreien und Weinen, die Gesten und später das Plappern. In den ersten Lebenstagen ist das Schreien nicht differenziert und selbst das empfindliche Ohr einer liebevollen Mutter unterscheidet nur mit Mühe, ob die Ursache für den Schrei des Neugeborenen Hunger, Durst oder auch eine sogenannte Darmkolik ist, wenn die Gedärme zu sehr mit Gasen gefüllt sind. Nach einigen Wochen wird die Stimmskala des Säuglings immer umfangreicher. Wenn eine Mutter ständig mit dem Kind zusammen ist, dann lernt sie leichter diese einzige Form des Hilferufs verstehen, über die das Kind in diesem frühesten Alter verfügt. Das Kind schreit, wenn es Hunger hat, wenn es naß liegt, wenn es ihm zu warm ist, wenn es plötzlich aus dem Schlaf gerissen wird, wenn es Schmerzen hat, wenn es zu fest gewickelt ist und nicht genügend Bewegungsfreiheit hat.
Es wächst die Skala der empfangenen Eindrücke und mit ihnen differenziert sich die Stimmskala. Für Außenstehende ist es immer das gleiche – oft unerträgliche – Geschrei, für die Mutter ist es ein immer deutlicheres SOS, für das ihre mütterliche Allmacht jederzeit Rat und Hilfe weiß.
Bevor die ersten drei Monate vergehen, hat sich im Kind die Assoziation zwischen Schreien und dem nach einer Weile über ihm erscheinenden Gesicht der Mutter festgesetzt, die ihm Hilfe und Geborgenheit gibt.

Für ihre Wachsamkeit, für ihre gestörten Nächte erhält die Mutter dann den schönsten Lohn: das erste Lächeln des Kindes, diese andere, ebenfalls präverbale Form der Verständigung, mit der der Säugling zu verstehen gibt: Mir geht es gut, ich bin satt, ich fange an, dich zu lieben, Mama.
Gleichzeitig erweitert sich die Skala der Ursachen, die ein Kind zum Weinen bringen können. Neben seinen körperlichen Bedürfnissen gewinnen seine seelischen Bedürfnisse immer mehr an Bedeutung. Anlaß zum Weinen kann für ein sechs Monate altes Kind sein, daß man es allein im Zimmer läßt, es plötzlich von einem angefangenen Spiel wegholt, der Verlust eines Spielzeugs, die Unmöglichkeit, eine beabsichtigte Bewegung auszuführen.
Gleichzeitig wird auch die Skala der Freuden und angenehmen Erlebnisse umfangreicher und die Möglichkeit, sie zum Ausdruck zu bringen.
Unter normalen Bedingungen weint der Säugling und das Kleinkind immer weniger, je mehr es heranreift.
Die Säuglinge, deren Bedürfnisse schnell und in richtiger Weise befriedigt werden – und wer kann das besser als eine liebende Mutter – weinen viel weniger als die Kinder, die sachlich, nach einem allgemeinen Schema, ohne Rücksicht auf die individuellen Eigenheiten des Kindes erzogen werden. Zum Glück gehören solche rigorosen Ratschläge zur »Abhärtung«, wie: »Wenn das Kind weint, muß man es allein im Zimmer lassen oder es in die Küche stellen, bis es wieder ruhig ist« der Vergangenheit an.
Das Weinen des Säuglings – das ist ein Hilferuf eines vollkommen hilflosen Wesens. Man darf also einen weinenden Säugling nicht sich selbst überlassen. Das Schreien erschöpft das Nervensystem des Kleinkindes. Wenn ein Kind lange vor Hunger geschrien hat, dann ist es oft nicht mehr in der Lage zu saugen, wenn es an die Brust gelegt wird. Das Schreien und die begleitenden heftigen Bewegungen erschöpfen auch die Körperkraft, weil sie einen großen Energieverlust mit sich bringen. Langandauerndes Schreien

hat auch einen schlechten Einfluß auf den Appetit und die Verdauung des Kleinkindes. Während des Weinens schluckt ein Säugling oft zu viel Luft, die dann in den Magen und die Därme gelangt und zu Erbrechen und schmerzhaften Koliken führen kann. Besonders schädlich sind für einen kleinen Säugling sich lange hinziehende Schrei- und Weinperioden in der Nacht. Wenn sich eine solche Situation oft wiederholt, kann sie in seinem Bewußtsein eine Assoziation zwischen der Nacht und seinen Angstgefühlen hervorrufen, was später zu Schlafstörungen führen kann, die schwer zu bekämpfen sind, oder sie kann ihm das Gefühl der Sicherheit nehmen, das für die richtige Entwicklung des kleinen Menschen unbedingt notwendig ist.

Wenn man zu lange zögert, die Bedürfnisse des Kindes zu erfüllen, dann bürgert sich das Schreien als vorherrschende Form der Verständigung mit der Umgebung ein, und die Entwicklung der höheren, »menschenfreundlichen« Formen der Verständigung, deren Vorboten Lächeln und Plappern sind, verzögert sich.

Während des Lebens im Mutterleib werden alle Bedürfnisse der Frucht – Zufuhr von Nährstoffen, Sauerstoff usw. – automatisch vom Organismus der Mutter geregelt. Wenn das Kind auf die Welt gekommen ist, muß das anatomische Band, die Nabelschnur, durch ein anderes, nicht weniger starkes Band ersetzt werden, nämlich durch das Band der Mutterliebe. Sie ermöglicht es der Mutter, in der »präverbalen« Zeit die Bedürfnisse des Kindes zu verstehen, die Bedeutung seines rufenden Weinens, seines Blickes, seines Lächelns, der Lage seines Körpers zu erkennen.

Daß die moderne Wissenschaft diesem Problem eine große Bedeutung beimißt, ersieht man aus der in vielen Ländern durchgeführten Reform der Entbindungsabteilungen. In diesen Abteilungen gibt es keine besonderen Zimmer für die Neugeborenen mehr. Sie bleiben im gleichen Zimmer wie ihre Mutter. So lernen die Mütter, den Schrei ihres

Kindes von den ersten Tagen seines Lebens an zu unterscheiden und darauf zu antworten, indem sie das Kind füttern, pflegen und lieben. Die mütterliche Liebe und das mütterliche Verstehen werden also zusammen mit dem Kind geboren und wachsen auch mit ihm.

Es wächst und entwickelt sich

Das Kind kommt auf die Welt als ein kleines, hilfloses Wesen. Dank dem kunstvollen Netz eines Sende- und Empfangsapparates, nämlich den Nervenzellen und -fasern, nimmt es immer reichere Eindrücke von der äußeren Welt auf. Allmählich fängt das Kind an, etwas zu berühren, nach etwas zu greifen, aufzustehen, zu gehen und – zu handeln. Wir sagen: das Kind entwickelt sich, das heißt es ändert sich, es wird anders mit jedem Monat und vielleicht sogar mit jedem Tag.
Aber vor allem wächst das Kind, es wird größer und schwerer, es wachsen seine Muskeln, es wächst sein Herz, die Lunge und die anderen Organe. Nicht alle Körperteile wachsen gleichmäßig: am intensivsten wachsen die Gliedmaßen. Häufig muß man die Hose des Sohnes länger machen, denn seine Beine wachsen um das Fünffache, die Arme um das Vierfache... Der Rumpf vergrößert seine Abmessungen um das Dreifache, der Kopf nur um das Doppelte.
Es ist erstaunlich, wie schnell aus dem Neugeborenen mit verhältnismäßig großem Rumpf, großem Kopf und kleinen kurzen Gliedmaßen ein langbeiniger, schlanker Bengel heranwächst.
Hier nun eine kleine Warnung: Die Eltern sehen oft voll Sorge in den sogenannten Größen- und Gewichtstabellen nach und machen sich unnötigen Kummer, weil die Maße für Eva oder Markus nicht mit den Zahlen in der Tabelle übereinstimmen. »500 Gramm zu wenig«, dieser Gedanke beunruhigt manche Mutter.

Die Tabellen dienen jedoch nur zur Orientierung der Fachärzte. Sie wurden zusammengestellt, indem man die Durchschnittsmaße und -gewichte von Tausenden von Kindern ermittelte, von mageren und dicken, schlanken und untersetzten. Die Kinder können sehr verschieden und doch normal entwickelt sein, wie ja auch die Erwachsenen verschieden sind. Jedes Kind, jeder Mensch hat seine eigene individuelle Entwicklung. Lassen wir doch das Kind auf seine Art wachsen.

Aber Entwicklung besteht nicht nur aus Gewichtszunahme und Wachstum. Gleichzeitig findet ein anderer, mindestens ebenso wichtiger Vorgang statt: Die Reifung. Die Reifung ist schwieriger zu erfassen als das Wachstum. Das Wachstum besteht aus quantitativen Veränderungen (die Anzahl der Kilogramme und Zentimeter ändert sich), während die Reifung sich in qualitativen Veränderungen äußert: als Fähigkeit, immer kompliziertere Funktionen auszuführen. Einige lebenswichtige Organe und Funktionen sind schon verhältnismäßig ausgereift, wenn das Kind auf die Welt kommt, zum Beispiel das Herz und der Blutkreislauf des Kindes oder, bei einem ausgetragenen Neugeborenen, die Fähigkeit zu saugen. Andere Organe und Funktionen reifen später heran. Zu ihnen gehört vor allem das Nervensystem.

Die anatomische Reifung des Gehirns vollzieht sich in den ersten vier Lebensjahren. In dieser Zeit vergrößert das Gehirn des Kindes seine Masse um das Dreifache. Im Laufe des weiteren Lebens vergrößert sich die Masse des Gehirns nur um weitere 25%.

In den ersten vier Jahren wird auch die Myelinisierung der Nervenbahnen abgeschlossen, das heißt die Nervenfasern werden mit einer besonderen Schutzschicht, Myelin genannt, umgeben, die es ermöglicht, daß sich die Funktionen des Organismus entsprechend weiter entwickeln.

Merken wir uns gut: Die frühe Kindheit ist die Zeit, in der das Gehirn sich bildet und heranreift, der Sitz der Gedanken und Gefühle des Menschen.

Es gibt ein biologisches Gesetz, welches besagt, daß die Zeit der Entstehung und Entwicklung für jedes Organ eine kritische Zeit ist. Wenn die lebenswichtigen Voraussetzungen in der Umwelt fehlen oder wenn schädliche Faktoren vorhanden sind, so kann es in dieser kritischen Zeit zu Entwicklungsfehlern kommen.
Darum muß man in der Zeit der frühen Kindheit besondere Sorgfalt anwenden – der Zeit, in der sich das Kind seelisch entwickelt. Es ist die Zeit in der die Fundamente gelegt werden.
Sobald ein Organ sich herausgebildet hat, wird es viel widerstandsfähiger gegenüber schädlichen Einflüssen, als während der Entwicklungsphase. Deshalb ist es so wichtig, daß ein Kind die ersten Lebensjahre in einer Umgebung verbringt, die in physiologischer Hinsicht für seine Entwicklung am günstigsten ist. Eine solche Umgebung bietet eine intakte Familie.

Wie eine Frucht in der Sonne

Wir sagten schon, daß das Kind wächst, sich entwickelt, heranreift. Mit dem Begriff des Heranreifens verbinden wir am häufigsten die Vorstellung vom geschlechtlichen Heranreifen. Dabei ist die geschlechtliche Reife nur der Abschluß dieser Zeit voll unaufhörlicher Veränderungen, welche die Kindheit im Leben des Menschen darstellt. Bevor das Kind dieses Ziel erreicht, muß es einen weiten, schwierigen Weg zurücklegen, auf dem immer schwerer zu überwindende Stufen der körperlichen und geistigen Entwicklung die Meilensteine bilden. Jede Fähigkeit muß man durch häufiges, fleißiges Üben beherrschen lernen, man muß sie sich aneignen und – dann muß man weiter emporsteigen. Keine Stufe darf man auslassen, keine kann oder darf man zu schnell hinter sich bringen.
Jede neu erlernte Fähigkeit gibt dem Kind so viel Freude, daß es sie unter günstigen Umständen wiederholt und ver-

vollkommnet. Dazu soll man es anregen, ermuntern, aber nicht zwingen.

Die Beherrschung einer neuen Fertigkeit ist gleichzeitig der Ansporn zu neuen Taten. Ein Mißerfolg dagegen entmutigt und hemmt die weitere Entwicklung. Lassen wir es daher nicht so weit kommen, daß unser Kind einen Mißerfolg erleidet.

Der kleine Mensch fängt an, die Augen zu bewegen..., dann hebt er das Köpfchen..., im fünften Monat lernt er, sich vom Rücken auf den Bauch zu wenden, im sechsten kann er aufsitzen, im neunten kann er, dank hartnäckigem Üben, schon stehen und endlich, ermuntert durch das Lächeln, Rufen, die ausgebreiteten Arme der Mutter, tut er den ersten Schritt. Wieviel Freude bereitet dem Vater und der Mutter jede neue Fertigkeit des Kindes, mit wieviel Stolz erfüllt sie das Herz des kleinen Menschen, der sich mit solcher Mühe, mit solcher Anstrengung – die nicht immer von seiner Umgebung gewürdigt wird – aufrichtet und die senkrechte Körperhaltung beherrschen lernt. Seine oberen Gliedmaßen werden nicht mehr zur Fortbewegung gebraucht, die freigewordenen Hände dienen anderen Tätigkeiten, dem Spiel und der Gestikulation. Der erhobene Kopf ermöglicht den Augen ein erweitertes Blickfeld, das Gesicht entwickelt eine immer lebhafter werdende Mimik und schließlich erlangt das Kind die Fähigkeit zu sprechen und – immer kompliziertere Gedankengänge zu beherrschen.

Wir beobachten mit Rührung, manchmal auch voll Unruhe, diese Entwicklung unseres Kindes. Oft stellen wir uns die Frage, welche Kräfte die Entwicklung leiten. Ob alles, was mit ihm geschieht, nur das Resultat von ererbten, inneren Kräften ist, die ihm bei der Empfängnis übertragen wurden, und welchen Einfluß die Erziehung, die Liebe von Vater und Mutter, das seelische Klima im Elternhaus hat. Ein Neugeborenes ist wie der Kern einer Frucht. Alle Möglichkeiten zum Guten und Schlechten, mit denen wir Eltern ihn versehen haben, liegen in ihm und sind mit ihm geboren. Angeboren sind ebenfalls die natürlichen Verhaltensweisen, zum Beispiel eine bestimmte Reihenfolge in der Reifung von motorischen und seelischen Fertigkeiten. Diese Reihenfolge äußert sich unter anderem darin, daß zuerst diejenigen Körperteile funktionieren, die sich nahe am Kopf befinden, dann allmählich die Körperteile in der weiteren Peripherie. Das ist das sogenannte cephalo-caudale Gesetz, das heißt die Entwicklung findet in der Richtung vom Kopf abwärts statt. Deshalb kann das Kind schon in der sechsten Woche den Kopf heben und aufrechthalten, aber erst am Ende des ersten Lebensjahres lernt es gehen. Deshalb bewegt sich beim Arm zuerst das ganze Glied im Schultergelenk. Erst im dritten Monat lernt das Kind, den Arm im Ellbogengelenk zu bewegen, allmählich lernt es, nach etwas zu greifen, etwas zu fassen und zu geben. Das Neugeborene kommt auf die Welt mit einer fest geballten Faust und erst ganz allmählich lernt es, sie zu öffnen. Erst im neunten Monat kann es die Hand ganz öffnen und freut sich so sehr über diese neue Fertigkeit, daß es sie unaufhörlich übt und immer wieder Spielsachen, Bauklötze und die Klapper auf den Boden wirft. Gleichzeitig lernen die gelockerten Fäustchen die Kunst des Gebens, das erste Zeichen von altruistischen Gefühlen.

Die Fähigkeiten, die das Kind erwirbt, äußern sich in zwei eng miteinander verbundenen Formen: einmal durch die erblich bedingte Reihenfolge im Heranreifen der anatomisch-physiologischen Strukturen des Organismus, zum anderen – ebenso wichtig und notwendig – durch Lernen auf dem Weg ausdauernden Übens, hervorgerufen durch den ständigen Ansporn, die neu beherrschte Fähigkeit auszuführen und zu wiederholen. Beide Formen sind eng miteinander verflochten und voneinander abhängig.

Der kleine Andreas war mit den gleichen Entwicklungsmöglichkeiten ausgestattet, wie Sonja, aber als ich ihn zum ersten Male sah, im 24. Monat seines Lebens, benahm er sich wie ein Neugeborenes – er hob nicht den Kopf, saß nicht, konnte nicht greifen, er war, wie man so sagt, unterentwickelt. Nach langer Beobachtung zeigte es sich, daß die Ursache für seine Unterentwicklung darin bestand, daß es ihm an der Möglichkeit fehlte, neue Fähigkeiten zu üben und damit zu beherrschen. Andreas kannte seine Eltern nicht, in den ersten Lebensmonaten kam er in eine Anstalt, von dort erneut ins Krankenhaus. Es fehlte an einer ständigen Bezugsperson – der Mutter, die ihn durch ihre Stimme, durch ihre Zärtlichkeit oder ihr Lächeln ermuntert hätte, diese Bewegungen auszuführen, die mit einem Lächeln auf sein Lächeln geantwortet hätte.

Die angeborenen Anlagen allein reichen nicht aus. Andreas ist leider keine Ausnahme. Solche unglücklichen Kinder, die wegen Mangel an Mutterliebe in ihrer Entwicklung gehemmt werden, gibt es viele. Wieviel Mühe muß sich der Gärtner geben, bevor aus einem Kern, aus einem jungen Setzling ein Apfelbaum heranwächst. Damit die Früchte richtig reifen, genügt es nicht, einen guten Kern in die Erde zu stecken – es muß die richtige Erde sein und es muß genügend Sonne und Regen dazukommen. Wie viele Arbeit, Mühe und Sorgfalt sind nötig, bevor sich im saftigen Fleisch des Apfels die Verheißung erfüllt, die das kleine Samenkorn in sich trägt.

Es scheint so einfach – aber wie viele Fehler machen wir täglich, und dann wundern wir uns, daß der Apfel sauer ist.

Es ist nicht immer Liebe auf den ersten Blick

Zusammen mit dem Kind kommt die Elternliebe auf die Welt, das ist wahr, aber nicht immer wird sie gleichzeitig zum Leben erweckt – und das muß man wissen. Wie oft sagt sich eine junge Mutter voll Unruhe, wenn sie auf das kleine Wesen neben sich blickt, das noch vor kurzem ein Teil ihres Körpers war: »Ich fühle nichts außer Müdigkeit, außer Erleichterung, daß ich alles hinter mir habe, außer der quälenden Sorge, wie ich zurechtkommen werde, wie wir zurechtkommen werden...« Und gleich darauf der unangenehme Gedanke: »Vielleicht bin ich eine schlechte Mutter? Ich habe niemals Kinder gern gehabt... ich kann mein Kind nicht lieben, füttern, erziehen...«

Tief verborgene Gedanken, die wir uns selbst gegenüber meist nicht wahrhaben wollen. Und wenn wir uns dann noch einen Sohn gewünscht haben und eine Tochter auf die Welt gekommen ist oder umgekehrt..., wenn zu allem Übel die Schwangerschaft und die Geburt uns in der beruflichen Arbeit störten, im Vorwärtskommen, im gesellschaftlichen Leben... Aber das sind schädliche und unnötige Sorgen.

Die Liebe zum Kind ist nicht immer Liebe auf den ersten Blick, mach dir deshalb keinen Kummer und keine Vorwürfe. Viele Mütter machen diesen Zustand durch, du wirst sicher eine gute Mutter, sicher kannst du dein Kleines erziehen, du mußt nur dir vertrauen – und ihm, deinem Kind.

Jeder Säugling ist von der Natur mit vielen Reizen ausgestattet – seine Haut ist rosig und glatt, von einem leichten Flaum bedeckt, sie fordert zum Streicheln und Liebkosen auf. Seine molligen Ärmchen, die geballten Fäustchen, sind rührend anzusehen.

Sein kleiner Mund verlangt gierig nach Nahrung. Und wenn er satt ist: wie wohlig und vertrauensvoll schläft er an der Brust der Mutter ein. Die ersten Monate des Zusammenlebens zwischen Mutter und Kind sind oft entscheidend. Das ist die richtige Zeit, um ein Kind innig und herzlich lieben zu lernen, um den Mutterinstinkt zu entwickeln und zu festigen, der das Herz jeder Frau reicher macht. Er verleiht ihr die mütterliche Intuition, die Fähigkeit zu verstehen und zu verzeihen, sich einer Sache zu widmen, zu verzichten und Opfer zu bringen, erfolgreich immer schwierigere Prüfungen zu überstehen, wie sie das Leben für jede Mutter mit sich bringt, deren Kind heranwächst.

Denn das Kind ist nicht nur Annehmlichkeit, es ist auch der ungeduldige Schrei, der uns nachts aufweckt, es sind Sorgen in Zeiten der Krankheit, es ist die Notwendigkeit, auf das bisherige, ungebundene Leben zu verzichten, auf viele Annehmlichkeiten, auf viele Gewohnheiten. »Die Erziehung eines Kindes ist kein nettes Spiel« – sagte ein kluger Mann – »sondern eine Aufgabe, in die man die Anstrengung schlafloser Nächte investieren muß, das Kapital bitterer Erfahrungen und viel Nachdenken.« Keiner kann und darf die Mutter bei diesen Freuden und Mühen vertreten, die mit der Pflege eines Kleinkindes verbunden sind. In den ersten Monaten, wo noch keine Worte gewechselt werden, hat die Mutter, und nur sie allein, die einzigartige Möglichkeit, ihr Kind genau verstehen zu lernen, es so zu »studieren«, daß sie erraten kann, ob es hungrig oder satt ist, ob es sich freut oder Schmerzen hat, ob es gesund oder krank ist; und zwar aus dem Ton seiner Stimme, der Lage seines Körpers, dem Ausdruck seines Gesichts, dem Rhythmus seiner Atemzüge. Keiner kann das besser als die Mutter.

Euer Kind ist einzig und unwiederholbar, es ist in keinem Buch beschrieben, in keiner Vorschrift vorgesehen, so wie ihr, Mutter und Vater, einzig und unwiederholbar seid.

Lerne also selbst die Unruhe und den Schmerz deines Kindes zu lindern, wenn es nach dir verlangt, ernte selbst die Freude seines ersten Lächelns, seines Plapperns und seiner ersten Schritte. Auf diese Weise festigt sich in Freud und Leid die Mutterliebe, verschwindet die Unsicherheit: »Liebe ich wirklich mein Kind, verstehe ich es richtig?« Der Arzt und die Schwestern in der Klinik sind nur gut ausgebildete Helfer, die der Mutter sagen, wie man das Kind vor den Gefahren einer ansteckenden Krankheit oder vor Rachitis schützt, die ihr mit gutem, wohlwollendem Rat behilflich sind, die Ernährung des Kindes richtig zusammenzustellen, die von Zeit zu Zeit kontrollieren, ob alles in Ordnung ist.

Der Arzt sieht ein Kind für 10 Minuten, die Mutter 24 Stunden, und kein Arzt, kein Buch kann die eigene, aufmerksame Beobachtung ersetzen, die eigene Überlegung. Das sind Erfahrungen, die man selbst machen muß.
Der ständige natürliche Kontakt zwischen Mutter und Kind in den ersten Lebensjahren schafft die unentbehrliche Basis für das gegenseitige Verstehen, das nicht nur für die gegenwärtige Gesundheit des Kindes wichtig ist, sondern für die Zukunft von beiden.

Die erste Liebe

Die Fähigkeit, andere Menschen zu lieben, ist ebenso angeboren und ebenso erworben, wie zum Beispiel die Handhabung von Gegenständen, das Gehen und das Sprechen.
Der Mensch ist ein Wesen, das in Gesellschaft lebt, und das Leben unter Menschen ist nicht leicht. Man braucht ein ganzes Leben, um es zu erlernen.
Unser Kind, das schon sitzen und gehen kann, erwirbt im Alter von etwa zwei Jahren die Fähigkeit, die nur dem Menschen eigen ist: es fängt an zu sprechen. Bevor es jedoch diese schwierige Kunst beherrscht, verständigt es sich mit uns auf eine wortlose Art: durch den Gesichtsausdruck, durch Weinen, und vor allem durch sein Lächeln. Das erste Lächeln des Kindes ist aber keine unbewußte Koketterie. Das erste Lächeln bedeutet: »Ich sehe dein Gesicht, Mama, dein Gesicht bedeutet Güte, schmackhafte Milch, das Gefühl, satt zu sein, es bedeutet die Wärme deines Körpers, die Sicherheit in deinen Armen.«
Das erste Lächeln eines sechs Wochen alten Säuglings – das ist grünes Licht, freie Bahn für den immer breiteren Strom menschlicher Gefühle. Und damit erwacht das Bedürfnis nach gesellschaftlicher Anerkennung. Die warnende Stimme der Mutter bedeutet: »Das darf man nicht«, die zärtliche Stimme ist eine Belohnung und ein Ansporn zu

neuen Leistungen. Die ersten altruistischen Gefühle beginnen zu keimen. Das erste »nimm«, »bitte«, ich gebe dir meinen geliebten Lebkuchen, ich meine bunte Klapper und – ich fange an, immer mehr zu sprechen, denn ich will dir ähnlich sein, für euch, zu eurer Freude unternehme ich wieder das schreckliche Risiko der ersten Schritte, für euch, damit ihr mich lobt, lerne ich, sauber zu werden, und bemühe ich mich, den glänzenden, scharfen Gegenstand, das Messer, nicht anzufassen. Groß sind die Opfer, zu denen die Liebe fähig ist. Und hier kommen wir zum Kern der Sache: Wenn die Mutter ihr Kind vom ersten Lächeln zu den ersten Schritten und zu den ersten Silben führt, dann lehrt sie es nicht nur, auf zwei Beinen zu gehen und sich der Sprache zu bedienen, sondern – was am wichtigsten ist – sie schafft die natürlichen Bedingungen dafür, daß in ihm das Gefühl der Liebe und der Anhänglichkeit an andere Menschen erwacht, die Fähigkeit, kleine und dann immer größere Opfer zu bringen, sich anzupassen an die Bedürfnisse anderer, mit Menschen zusammenleben zu können. Die Grundlage für diese Fähigkeit wird gerade in den ersten Lebensmonaten gelegt. Und vielleicht entscheidet die erste Liebe des Kindes zur Mutter für einige Jahrzehnte darüber, wie die Liebe eines Jungen zu einem Mädchen sein wird, die Liebe des Mannes zu seiner Frau, des Vaters zu seinem Kind, und schließlich die Liebe zum Leben, zur Umwelt. Denn die Liebe hat verschiedene Namen. Im Lauf der Jahre ändert sich das Objekt der Liebe, aber die in den ersten Kontakten mit der Welt sich bildende Fähigkeit zu lieben, die harmonische Einstellung zur Welt und den Menschen, beeinflußt das ganze Leben.

III DEIN KIND BRAUCHT DEN VATER SO NOTWENDIG WIE DIE MUTTER

Junge oder Mädchen?

Noch wissen sie nichts von ihm, noch ist es nur ein geheimer Gedanke zweier sich liebender Menschen. Aber dann denken sie mit Rührung und voll Unruhe: »Was wird es sein? Wird es ein Junge oder ein Mädchen?« Am häufigsten möchte man als erstes Kind einen Jungen haben und dann natürlich ein Mädchen. Was kann schöner sein als so ein Pärchen? Das Verlangen nach einer Tochter ist ebenso häufig in einem Haus voller Jungen wie das Verlangen nach einem Sohn in einer Familie reich an Töchtern.

Bald wird der Kreis der Interessierten größer; Omas und Tanten prophezeien, ob es ein Sohn oder eine Tochter wird. Dabei wurde über das Geschlecht des Kindes schon bei der Empfängnis entschieden, als der Same des Vaters in die Eizelle der Mutter eindrang und sie befruchtete. Die Frage, welche die Menschheit seit Jahrhunderten interessiert: »Was ist von entscheidendem Einfluß auf das Geschlecht des Kindes?«, ist trotz der großen Fortschritte der Medizin bis heute unbeantwortet geblieben. Alle Bemühungen, irgendwelche Einflüsse auf diese Entscheidung zu nehmen, sind bis heute ohne Ergebnis geblieben.

Es ist jedoch bekannt, daß die Geschlechtsmerkmale, ebenso wie alle anderen Erbmerkmale, von beiden Elternteilen in gleichem Maße übertragen werden.

Den grundlegenden Bestandteil jeder lebenden sich vermehrenden Zelle bilden die Elemente, die unter dem Mikroskop die Form von Ruten oder Schleifen haben und die man als Chromosomen bezeichnet. Wie wissenschaftliche

Untersuchungen gezeigt haben, werden von ihnen die meisten Erbmerkmale übertragen. Ein solches angeborenes und von Anfang an unveränderliches Merkmal ist das Geschlecht des Kindes.

Die Fortpflanzungszellen des menschlichen Körpers enthalten die Geschlechtsmerkmale in Form der Chromosomen X und Y. Die Fortpflanzungszellen der Mutter enthalten nur die weibliche Form, die X-Chromosomen. Dagegen enthält der Samen des Vaters in gleicher Anzahl Zellen mit dem weiblichen und dem männlichen Merkmal. Von den Tausenden von Samenzellen, die sich während der Befruchtung auf das Ei stürzen, durchdringt nur eine dessen Hülle. Wenn das eine Samenzelle ist, die das weibliche Merkmal enthält, dann wird eine kleine Eva auf die Welt kommen, wenn es eine Zelle mit männlichem Merkmal ist, dann wurde ein Adam, ein Sohn empfangen. Das männliche Merkmal kann also das Kind nur von dem erben, der es besitzt, nämlich vom Vater. Im Jahr 1955 entdeckte der Forscher Bare, daß nicht nur die Fortpflanzungszellen, sondern alle Zellen unseres Körpers offensichtlich mit dem Merkmal der Männlichkeit oder Weiblichkeit versehen sind. Für die weiblichen Zellen ist es charakteristisch, daß sie besondere Gebilde enthalten, die sogenannten Bare'schen Körper, die man in den Zellen eines Mannes nicht findet.

Diese Entdeckung ist sehr wertvoll vor allem für diejenigen Fälle, bei denen durch Verunstaltung oder angeborene Fehler der Fortpflanzungsorgane die Feststellung des Geschlechts erschwert ist.

Wie es kommt, daß in bestimmten Familien nur Jungen, in anderen nur Mädchen geboren werden, darauf können wir noch keine Antwort geben. Viele Jahrhunderte lang wurde die Verantwortung für das Fehlen von Nachkommenschaft und für das Geschlecht der Nachkommen fast ausschließlich den Frauen aufgebürdet.

Die Wissenschaft hat die Grundlosigkeit solcher Vorurteile bewiesen.

106 auf 100

Nach dem Glauben des primitiven Stammes der Arapachen findet im Schoß einer schwangeren Frau ein ähnlicher Prozeß statt wie bei der Formung von Statuen und Büsten aus Ton. Nachdem der Körper des Kindes geformt wurde, schläft er noch einige Monate lang im Mutterschoß, und wenn er erwacht, dann beginnt die Geburt.

Die Arapachen bewohnen die felsigen Abhänge der Torocelli-Berge, welche die nordwestliche Küste von Neuguinea umgeben. Da sie bis heute gänzlich von der zivilisierten Welt abgeschnitten sind, haben sie ihre ursprünglichen Gebräuche und Vorstellungen bewahrt. Es ist auch schwer zu sagen, welche primitiven Ansichten die Grundlage bildeten für das biblische »aus dem Staub ist er entstanden«.

Wie weit ist der Mensch der modernen Zivilisation von diesen Vorstellungen entfernt! Vielleicht hat sich aber doch eine winzige Spur des früheren Nichtwissens in dem allgemeinen Brauch erhalten, die Zeit der Geburt als Nullpunkt anzusehen, von dem ab das menschliche Leben beginnt. Die vergangenen neun Monate werden in den Geburtsscheinen nicht berücksichtigt – eine Ausnahme macht hier nur China, wo das Alter des Kindes schon seit Jahrhunderten von der Empfängnis an gerechnet wird, womit das in diesem Volk allgemein verbreitete Wissen dokumentiert wird, daß das Neugeborene – ob Junge oder Mädchen – schon neun Monate Leben als Frucht hinter sich hat.

Wir sagten schon, daß das Geschlecht des Kindes bei seiner Empfängnis bestimmt wird, daß es sich von der Empfängnis an im Mutterschoß zum zukünftigen Adam oder zur zukünftigen Eva entwickelt.

Zeigt sich diese Verschiedenheit auch im Schicksal des Kindes?

Zweifellos, und zwar auf vielfältige Weise, wie man leicht sehen kann. Die erste Tatsache: Es werden mehr Jungen geboren. Es könnte scheinen, daß die Wahrscheinlichkeit für die Empfängnis und die Geburt von Jungen und Mädchen gleich ist. Aber das ist nicht so. Es ist eine unumstößliche, von allen Statistiken bestätigte Tatsache, daß bei der Befruchtung auf 100 weibliche Keime 146 männliche kommen. Bei der Geburt sieht dieses Verhältnis weniger günstig für die Jungen aus, aber das Übergewicht der Jungen ist nach wie vor vorhanden: Auf 100 geborene Mädchen kommen 106–107 Jungen.

Das ist ein allgemeines biologisches Gesetz: Es werden mehr Jungen geboren. Die Überzahl der Jungen bei den Neugeborenen besteht sowohl in Friedenszeiten als auch im Krieg. Wir können ganz beruhigt sein – diese Statistik bedroht den Frieden nicht.

Es werden also mehr Jungen geboren, aber es müßten noch mehr sein. Warum ist es so, daß von 146 empfangenen Söhnen nur 106 erfolgreich die Prüfung des ersten Atemzugs überstehen? Hier kommen wir zu der zweiten Konsequenz des geschlechtlichen Andersseins. Die Keime mit den männlichen Geschlechtsmerkmalen sind weniger widerstandsfähig gegen alle schädlichen Faktoren. Tatsächlich geht ein Viertel von ihnen schon in den ersten drei Monaten der Schwangerschaft zugrunde.

Der kleine Mann muß von Anfang an einen erbitterten Kampf um die Bewahrung seiner männlichen Eigenart führen und sich gegen die Überschwemmung mit weiblichen Hormonen schützen, die ihn von allen Seiten im Mutterschoß umgeben. Vielleicht ist gerade das die Ursache für die Verringerung seiner Lebenschancen, und das nicht nur im Mutterleib. Die größere Empfindlichkeit und Anfälligkeit des männlichen Organismus ist charakteristisch für die Zeit nach der Geburt und die frühe Kindheit. Die Säuglinge männlichen Geschlechts werden von jeder Krankheit schwerer betroffen als ihre Altersgenossinnen. Sie sind schwieriger zu heilen und jede Epidemie fordert von den Jungen eine höhere Anzahl an Todesfällen. Diese Empfindlichkeit wird erst in der Pubertät geringer.

Aber wo liegen die biologischen Unterschiede zwischen Jungen und Mädchen, die schon sichtbar werden?

Die Männer sind immer jünger

Der Mann, der künftige »Herr und Meister«, ist als Embryo und in den ersten Jahren der Kindheit deutlich schwächer. Diese Tatsache bestätigt sich auf jeder geographischen Breite. Das zeigt sich auch in der Veränderung des Geschlechtsindex, der sich im zweiten Lebensjahr vermindert und 100 Jungen auf 100 Mädchen beträgt, gegen 106 zu 100 Mädchen bei der Geburt.
Diese verhältnismäßige Schwäche der Jungen hält sich bis zum fünften Lebensjahr, tritt aber in den späteren Jahren völlig zurück. Schon im Schulalter und noch später in der Pubertät und den darauffolgenden Jahren gleichen die Jungen diese »Nachteile« aus und übertreffen ihre Altersgenossinnen durch ihre Widerstandskraft.
Sind es Altersgenossinnen? Sind ein Junge und ein Mädchen, die am selben Tag geboren wurden, wirklich Altersgenossen? Diese Frage mag seltsam erscheinen, ist aber berechtigt. Es ist kein Zufall, daß die Jungen gewöhnlich die Sympathien von Mitschülerinnen aus jüngeren Klassen erringen und daß man gewöhnlich solche Paare als gut zusammenpassend ansieht, in denen der Mann einige Jahre älter ist als die Frau. Das ist eben ein Naturgesetz – Zwillinge verschiedenen Geschlechts, die am selben Tag geboren sind, zeichnen sich durch einen verschiedenen Reifegrad aus. Das Mädchen ist immer reifer und daher biologisch älter, der Junge ist weniger reif, also biologisch jünger. Das ist so, obwohl die Jungen bei der Geburt gewöhnlich einige hundert Gramm mehr wiegen und $1^{1}/_{2}$ bis 2 cm größer sind als die Mädchen. Es gibt dafür unwiderlegbare Beweise, wie zum Beispiel das für den Reifegrad charakteristische Röntgenbild des Knochenbaus, das eine bestimmte Reihenfolge in der Knochenbildung zeigt.

In der Embryonalzeit ist die für die biologische Entwicklung charakteristische Knochenbildung der Mädchen den Jungen im Durchschnitt zwei Wochen voraus, am Ende des ersten Lebensjahres um einige Monate bis zu einem halben Jahr. Im Alter von 12 bis 13 Jahren hat die Knochenbildung der Mädchen einen Vorsprung von ungefähr drei Jahren erreicht. Damit hängt es zusammen, daß die Wachstumsprozesse bei Mädchen früher beendet sind (ungefähr im 17. Lebensjahr) als bei Jungen (ungefähr im 21. Lebensjahr).

Dieser Unterschied im Reifegrad bei Jungen und Mädchen gleichen Alters ist offensichtlich. Er ist besonders auffallend am Ende des 11. und 12. Lebensjahres.

Die Elfjährigen – Jungen wie Mädchen – unterscheiden sich anscheinend noch nicht besonders im Niveau der körperlichen Entwicklung. Beide wachsen gleichmäßig, der Körperbau und das Verhalten sind noch kindlich. Im Alter von 12 Jahren tritt die Mehrzahl der Mädchen in die Pubertät ein. Die gleichaltrigen Jungen bleiben noch 2–3 Jahre lang Kinder und sind erstaunt und manchmal überrascht, wenn sie die gewaltigen Veränderungen sehen, die bei ihren Mitschülerinnen vor sich gehen. Die Mädchen ändern sich in der Pubertät von Tag zu Tag. Und nur allzu schnell ist ein Mädchen einem gleichaltrigen Jungen über den Kopf gewachsen und schaut von oben auf ihn herab. Aber nicht nur, weil es einige Zentimeter größer ist, sondern auch deshalb, weil es mit dem Überschreiten der Pubertätsschwelle in die Welt der Erwachsenen aufgerückt ist. Der Junge, der mit ihr die Schulbank teilt, hat noch 2–3 Jahre Kindheit vor sich und die aggressive Koketterie der Mädchen ist für ihn unverständlich. Ihre Reizbarkeit, der Wechsel in ihrer Stimmung, ihr Lachen und Flüstern irritieren ihn. Vielleicht ist in diesem Unmut auch eine Prise Eifersucht enthalten? Wer erklärt ihm, daß Mädchen in der biologischen Entwicklung einige Jahre voraus sind, daß der Weg zur Reife bei Jungen einige Jahre länger dauert, daß auch er in ein paar Jahren in die

Höhe schießen wird? Es dauert eben etwas länger, bis sich das männliche Geschlecht mit Recht das starke Geschlecht nennen kann. Dazu muß offensichtlich erst die Schwäche der ersten Lebensjahre überwunden werden.

Mutter und Vater

Jedes Kind muß von Anfang an alle Schattierungen der menschlichen Empfindungen lernen, auch die einfachsten, wie »ich bin ein Junge« und »ich bin ein Mädchen«. Das moderne Wissen steht auf dem Standpunkt, daß die Erfahrungen der ersten Lebensjahre, die mit der Entwicklung der geschlechtlichen Persönlichkeit des kleinen Kindes zusammenhängen, einen großen Einfluß auf das spätere Verhalten des Jungen und des Mädchens, des Mannes und der Frau haben. Die Voraussetzung dafür, daß sich die Persönlichkeit richtig formt, ist die Erziehung des Kindes in einer intakten Familie.
Die vor Millionen von Jahren geschaffene und bis heute fortdauernde Institution der menschlichen Familie, die mindestens aus Vater, Mutter und Kind besteht, ist auf diesem grundlegenden Gebiet – wie auch auf vielen anderen – eine Schule, die durch nichts zu ersetzen ist. Von den ersten Tagen des Lebens an beginnt die Aufklärung – glattes Gesicht, hohe, zärtliche Stimme – das ist die Mutter, eine Frau. Stacheliges Kinn, tiefe Stimme – das ist der Vater, ein Mann.
Nur unter den natürlichen Bedingungen einer vollständigen Familie wird das schwierige Problem, das eigene Geschlecht und die damit verbundenen Vor- und Nachteile zu akzeptieren, in einer von der Umgebung fast unbemerkten Weise gelöst.
Eva ahmt die Mutter nach, übernimmt von ihr die Mimik, die Gesten, die Art, sich zu bewegen. Sie liebt es, sich im Spiegel zu betrachten, genau wie die Mama.
Es ist etwas sehr Schönes, eine kleine Frau zu sein, die der

Vati liebt. Eva übernimmt bereitwillig und stolz die Rolle der Frau, pflegt mit allem Ernst ihre Puppenkinder, macht sich voll Eifer selbst an die schwierigsten Arbeiten. Und Adam liebt die Mama. Deshalb beobachtet er, nicht ohne ein Körnchen Eifersucht, das Verhalten des Vaters und bemüht sich, ihn in allem nachzuahmen. Ist es nicht rührend, wenn ein vierjähriger Junge sagt: »Mama, gib mir die Hand, damit du nicht die Treppe hinunterfällst«, wie es tatsächlich vorgekommen ist.
»Was bist du doch für ein tüchtiger Mann, mein Sohn.«
Für ein solches Lob und für den freudigen Blick der Mama lohnt es sich, mit dem Vater alle seine Mühen zu teilen.
Nicht immer bildet sich die geschlechtliche Persönlichkeit in der richtigen Weise. Die Ursachen dafür können verschieden sein: Zum Beispiel wenn die Eltern voller Sehnsucht ein Töchterchen erwarten und schließlich ein Junge zur Welt kommt. Die Mutter findet sich mit der Tatsache nicht ab, verbirgt vor dem Kind nicht ihre Enttäuschung, spricht von ihrer Unzufriedenheit. Und was noch schlimmer ist: Sie zieht dem Jungen Kleidchen an und straft ihn später für sein jungenhaftes Benehmen. Ein solcher Junge kann es sehr schwer haben, männliche Charakterreife zu erlangen.
Oder auch das Umgekehrte: Die Eltern erwarten einen Jungen und eine Tochter kommt zur Welt. Vor einem solchen ungewünschten Mädchen breitet sich oft das düstere Bild seines Frauenschicksals aus, voller Mißachtung und Gefahren, nur wegen seines weiblichen Geschlechts.
Wie verlockend erscheint vor diesem Hintergrund die Unabhängigkeit und Freiheit der Lebensführung eines Mannes. Wenn ein Mädchen so gegen sein Geschlecht rebelliert, dann bemüht es sich, die Lebensweise der Männer nachzuahmen und ist oft sein ganzes Leben lang nicht in der Lage, die Konsequenzen zu akzeptieren, die sich nun einmal daraus ergeben, daß es eine Frau ist.
Die häufigste Ursache für Störungen in der Entwicklung der geschlechtlichen Persönlichkeit bleibt jedoch, wie ich

schon gesagt habe, die Erziehung in einer zerrütteten Familie oder außerhalb der Familie, in einem Heim. Unter diesen Bedingungen fehlt dem Kind häufig der Prototyp des Vaters – des Mannes, der für die Jungen ein Modell der Nachahmung und Identifikation ist, für die Mädchen aber ein Anreiz, sich von ihm zu unterscheiden und sich mit dem Modell der Frau und Mutter zu indentifizieren.

Oft kommt noch ein schädliches Element hinzu: Wenn der Vater oder die Mutter die Kinder verlassen. Die Äußerungen der Mutter oder der Umgebung, die den Vater schlecht machen oder umgekehrt. In der Seele des Kindes setzt sich tief der Vorwurf gegen denjenigen fest, der ihm Unrecht getan und es verlassen hat. Dieser Vorwurf kann auf das ganze Geschlecht übertragen werden und bildet für die Entwicklung des Kindes oft eine Sperre, die nicht zu überwinden ist.

Der Vater ist ebenso notwendig wie die Mutter

In unserer Poliklinik meldet sich Frau Schmitt mit ihrem vierjährigen Sohn Viktor an. Der Anlaß für ihre Sorgen besteht darin, daß Viktor von sich wie von einem Mädchen spricht. Viktor ist ein gut entwickelter Junge. Sein Intelligenzniveau gibt keinen Anlaß zur Beunruhigung. Er ist das einzige Kind einer alleinstehenden Mutter, die von ihrem Mann geschieden ist. Er kennt seinen Vater nicht. Zur Familie gehören außer der Mutter noch eine Tante und eine Oma, also nur Frauen. Viktors Lieblingsspiel ist »ärztliche Behandlung«. Er heilt seinen Teddybär und seine Puppen und stellt sich vor, daß er eine – Ärztin ist. Denn es hat sich so ergeben, daß er immer nur mit Ärztinnen, Kinderärztinnen, zusammentraf.

Es ist gut, daß Frau Schmitt diesen Fehler in der Entwicklung ihres Söhnchens rechtzeitig bemerkt hat. Es kommt nämlich daher, daß dem Kind der Vater oder eine andere ihm nahestehende Person – Onkel oder Großvater – in seiner Umgebung fehlt. Es hat Schwierigkeiten mit dem, was man geschlechtliche Identifikation nennt, das heißt die Identifikation mit der männlichen Variante des Menschengeschlechts. Zum Glück hat Frau Schmitt einen Bruder in der Nähe der Stadt, der dem Jungen vielleicht etwas Zeit widmen kann.

Frau Schmitt wurde geraten, die freundschaftlichen Kontakte mit ihrem Bruder und dessen Sohn enger zu knüpfen. Wir rieten, dem Onkel die Funktion eines Beschützers und Ratgebers zu übertragen und damit sozusagen den Vater zu ersetzen, dessen Fehlen das Kind spürt.

Und noch eine Bitte hatten wir an Frau Schmitt: In Gegenwart des Kindes nichts Schlechtes über seinen Vater zu sagen, nicht das Bild des Mannes zu verunglimpfen, der ihm Muster und Vorbild sein sollte, von dem er lernen sollte: »Ich bin ein Mann, ich bin so wie Vater.«

Also nichts Schlechtes über den Vater, selbst dann nicht, wenn es die Wahrheit ist. Zum Wohl des Kindes muß man diese Wahrheit verbergen, bis das junge menschliche Wesen kräftiger wird und sie erfahren kann, ohne Schaden zu nehmen.

Viktors Beispiel ist besonders gravierend und über allen Zweifel erhaben. In der ärztlichen Praxis haben wir es aber häufig mit weniger klaren, schwerer zu erfassenden Formen dieser Erscheinung zu tun. Auffallend ist, daß es in der gegenwärtigen Zeit besonders häufig zu Schwierigkeiten kommt, weil im Erziehungsmilieu des Kindes der männliche Prototyp fehlt.

Und das nicht nur in unvollständigen Familien. Daß sich Väter oft vor ihren Aufgaben als Erzieher drücken, das ist nicht nur den Pädagogen bekannt. Auch Psychologen und Ärzte finden es immer wieder bestätigt. Es ist eine feststehende Tatsache: Die Väter interessieren sich nicht genügend für die Erziehung ihrer Kinder, sie kommen selten zu Elternabenden, sie widmen ihren Kindern zu wenig Zeit. Sie schützen berufliche und ehrenamtliche Tätigkeiten vor, sie behaupten, die Erziehung der Kinder wäre die Aufgabe der Frau, sie, die Männer, verstünden davon nichts, sie wären auch zu müde und müßten ihre Ruhe haben.

Diese Ruhe ist eine Täuschung. Nach ein paar Jahren wird der Vater durch Erziehungsschwierigkeiten aus dieser trügerischen Ruhe ganz bestimmt aufgescheucht: Faulheit und Aufsässigkeit des Kindes, Rebellion gegen die Autorität der Älteren usw., Schwierigkeiten, die man verhindern könnte, an die man aber rechtzeitig denken muß. Beide Eltern haben ihre Rolle in der Erziehung des Kindes, beide sind notwendig, damit es sich richtig entwickelt, beide sind unersetzlich. Und außerhalb der Familie? In der Kinderkrippe ist eine Tante, im Kindergarten auch. Eine Frau zieht das Kind an, eine Frau behandelt es ärztlich, eine Frau unterrichtet es.

Das Fehlen des männlichen Faktors ist nicht nur in der Erziehung der Jungen, sondern auch in der Erziehung der Mädchen zu spüren.

In Kinderkrippen und Kinderheimen ist die Erscheinung bekannt, die man Gefühlshunger nach Männern nennt. Rührend ist die Herzlichkeit, welche Kinder aus einer Kinderkrippe männlichen Besuchern entgegenbringen. Kinder, die keinen Vater haben, stellen sich irgendeinen imaginären Vati vor. Sie glauben daran, daß dieser Vati existiert, sie erschaffen ihn, denn sie brauchen ihn, er ist notwendig, ebenso wie die Mutter.

Der Vater und die Mutter – das ist die Grundlage der menschlichen Familie. Wenn eins dieser Elemente fehlt, entsteht eine Lücke. Das sollten alle Eltern bedenken, wenn sie den Gedanken an eine Trennung in Erwägung ziehen.

IV GIB DEINEM KIND DIE BESTE, DIE NATÜRLICHE NAHRUNG

Das weiße Blut der Mutter

Wie verschieden die Ansichten der Ärzte und Erzieher über einzelne Probleme der Gesundheitspflege des Kindes auch sein mögen, über einen Punkt herrschte und herrscht völlige Übereinstimmung: Die Muttermilch ist für den Säugling die beste und gesündeste Nahrung. Es gibt keine Kindernahrung und kann es wahrscheinlich auch nicht geben, keine Milch irgendeiner Tierart, welche das weiße Blut der Mutter völlig ersetzen könnte.

Die Argumente, über die die Ärzte vor 50 oder auch 20 Jahren verfügten, sind andere als die, deren sich ein Kinderarzt in der heutigen Zeit bedient, wo wir Milchpulver, sterile Flaschen, Kühlschränke usw. haben. Aber der Kern der Sache ist unverändert der gleiche.

Zu der Zeit, als unsere Großmütter geboren wurden, war die Entwöhnung eines Säuglings von der Mutterbrust ein großes Risiko, beinahe eine Katastrophe. Die mit Kuhmilch ernährten Kinder wurden von schweren Krankheiten dezimiert. Durchfall und Lungenentzündung forderten ihren tödlichen Tribut.

Wenn eine Frau ihr Kind nicht mit der Brust ernähren wollte oder konnte, war sie gezwungen, sich eine Amme zu nehmen. Sogar Krankenhäuser und Kinderheime hatten Etatposten für Ammen, denn ohne Muttermilch war unter damaligen Bedingungen nicht daran zu denken, einen gesunden Säugling aufzuziehen. Heute leben wir in einer glücklicheren Zeit. Wir haben Milch in Pulverform, kondensierte Milch von guter Qualität, wir wissen, wie man Kindernahrung vor Verunreinigung mit ansteckenden Keimen und vor Verderb schützt, wir wissen, daß man sie mit den Vitaminen G und A+D anreichern muß.

Dank den Fortschritten der Technik und der Medizin können wir in den meisten Fällen selbst dann gesunde Säuglinge aufziehen, wenn sie von der Mutterbrust entwöhnt werden mußten.

Und doch raten die Kinderärzte immer wieder, ein Kind mit Muttermilch zu ernähren. Die Ernährung mit Muttermilch erlebt zur Zeit ihre Renaissance, und das gerade in den Ländern mit hohem Lebensstandard, wo hygienische Grundsätze allgemein verbreitet sind und wo es keinerlei Schwierigkeiten macht, sich saubere Milchprodukte von guter Qualität zu beschaffen. Wie soll man diesen erstaunlichen Eigensinn erklären? Sind wir Ärzte hinter der Zeit zurück? Sind wir gegen die Emanzipation und gegen die Erleichterungen bei der Mutterschaft? Nein, es handelt sich nicht um eine Laune der Ärzte. Die Muttermilch ist eine natürliche Nahrung, die in ihrer Zusammensetzung den Bedürfnissen des Kindes voll entspricht. Sie ist von idealer Reinheit, was sehr wichtig ist, besonders in einem Milieu mit niedrigem Niveau an persönlicher Hygiene und unter schwierigen Verhältnissen (Enge der Wohnung, Mangel an gutem Wasser, Fehlen eines Kühlschranks usw.). Die Muttermilch hat immer die richtige Temperatur. Sie steht immer zur Verfügung und wird nicht in bestimmten Portionen zugeteilt. Man kann einmal mehr und einmal weniger davon trinken. Sie ist ganz verwertbar und immer frisch. Sie enthält alle lebenswichtigen Bestandteile in der Menge, die das Kind braucht. Die Muttermilch ist zum Beispiel viel süßer als die Kuhmilch. Sie enthält zweimal soviel von einem besonderen Zucker (Lactose), der in großen Mengen beim Stoffwechsel des Gehirns gebraucht wird.

Wenn man Muttermilch und Kuhmilch vergleicht, dann scheint die letztere dicker, zähflüssiger zu sein. Manchmal sind die Mütter deshalb geneigt, ihre Milch für zu mager und zu wenig nahrhaft zu halten. Aber das ist nicht so.

Die Muttermilch ist auf keinen Fall mager. Sie enthält genauso viel und manchmal sogar mehr Fett als die Kuhmilch. Außerdem erhöht dieses Fett die Widerstandskraft. Es hat zum Beispiel den Vorzug, daß es das Kind wirkungsvoll vor den unangenehmen Hautekzemen schützt.
Die Kuhmilch ist nicht fetter, warum ist sie aber dicker? Wie wir wissen, ist das Eiweiß der wichtigste Bestandteil jeder Nahrung. Besondere Bedeutung hat es für die richtige Entwicklung eines schnell wachsenden Kindes. Jede Milch enthält zwei Arten von Eiweiß: Die eine Art können wir Käse-Eiweiß nennen, es findet sich nicht in anderen Säften des Organismus, auch nicht im Blut; das andere Eiweiß bleibt in der Molke, wenn der Käse abgegossen worden ist, es ist Eiweiß, das auch in den Adern der Mutter und des Kindes fließt; es heißt »Albumin«. Die Kuhmilch ist reich an Käse-Eiweiß. Das macht sie »dicker«. Die Muttermilch ist hauptsächlich Albuminmilch. Die Albumine sind das Eiweiß des Blutes, ein vollwertiges Eiweiß und der wichtigste Bestandteil der Muttermilch. Sie machen aus der Milch das weiße Blut der Mutter, die beste Nahrung für den Säugling.

Nicht vom Brot allein

Haben Sie schon einmal gesehen, wie das Gesicht einer Mutter, die ihren Säugling stillt, schöner, heiterer und gelöster wird? Und das Kind, das vor einer Weile noch schrie und strampelte, böse und ungeduldig war, sieht jetzt, an die Mutterbrust geschmiegt, vollkommen zufrieden aus. Der Körper ist entspannt, die Hände umfassen die nahrungspendende Brust, die Augen schauen aufmerksam der Mutter ins Gesicht. Das gierige Mündchen bewegt sich immer langsamer, die Augen fallen ihm zu. Glücklich und gut aufgehoben schläft es. Nicht nur vom Brot allein lebt der Mensch – und das von den ersten Tagen seines Lebens an.

Den Augen, die noch niemals sahen, den Ohren, die noch niemals hörten, den Händen, die noch niemals etwas faßten – wie betäubend muß ihnen diese Welt erscheinen, mit ihrem unverständlichen Lärm, dem Chaos der Gestalten und Lichter, der Flut ihrer Gerüche. Und obendrein noch das neue, im Mutterschoß unbekannte, quälende Gefühl des Hungers. Was kann dem Kind mehr helfen, diese neue, sich aus dem Chaos des Unbewußten heraushebende Welt zu akzeptieren, als das Stillen an der Mutterbrust. Die Verbindung zwischen dem Gefühl seliger Sattheit und der Stimme der Mutter, ihrer Berührung, ihrem Geruch, der Wärme ihres Körpers, festigt im Kind das Gefühl der Sicherheit, öffnet ihm den Eingang zur Welt von der besten, der Sonnenseite her.
Die Mutter aber erlangt die tiefe, freudige Gewißheit: »Ich bin unersetzlich, ich kann ihm das geben, was kein anderer ihm geben kann.« Dieses Wissen bahnt den Weg für eine verständige Mutterliebe, erleichtert das Knüpfen dieser dauerhaften Bande, die keine Schwierigkeiten im Leben mehr zerreißen können.
Aber ... warum muß ich das so überzeugend begründen, was doch so natürlich ist wie die Umarmung zweier Liebender, wie Empfängnis und Geburt? Warum kommt es so häufig vor, daß die Frauen darauf verzichten, selbst zu stillen? Ich spreche nicht von den Ursachen, die durch eine Krankheit der Mutter oder des Kindes begründet sind. Überlegen wir uns vielmehr, warum manchmal gesunde und junge Mütter ihre Kinder nicht stillen.
Ein Teil der Frauen hat Angst vor den Schwierigkeiten des Stillens in den ersten Lebenswochen des Kindes. Zugegeben, es ist eine etwas schwierige Zeit, die »Partner« sind noch nicht aufeinander eingespielt, das Neugeborene kann manchmal noch nicht richtig saugen, manche Mutter versteht es noch nicht, sich seinen Bedürfnissen anzupassen. Einmal ist zu viel Milch da, die Brust schwillt unter dem Druck der Milch schmerzlich an, ein andermal ist zu wenig Milch da, dann kommt es häufig zu schmerzhaften Rissen in den Brustwarzen, zu Verletzungen usw.

Die ersten Wochen des Stillens können wirklich eine schwere Prüfung für die Geduld und die Liebe der Mutter sein. Aber die Mutter hat schon viel größere Schmerzen und Unbequemlichkeiten ertragen, warum will sie nicht auch diese kurze Zeit noch hinnehmen?
Nach einigen Wochen haben Mutter und Kind sich einander angepaßt, das Stillen ist zu einem gegenseitigen Sich-Beschenken geworden, zu einer Quelle der Freude und Gesundheit. Gerade der Gesundheit, und nicht nur für das Kind, sondern auch für die Mutter.
Ich könnte an vielen Beispielen beweisen, daß das Stillen nicht die Figur verdirbt, nicht den Busen entstellt – im Gegenteil, durch den günstigen Einfluß auf die inneren Organe und das Hormonsystem fördert es den Stoffwechsel und erhält jung. Und was das Kind betrifft, so muß man betonen, daß die an der Brust gestillten Kinder selten nach einem Schnuller verlangen. Viel seltener als bei Kindern, die mit der Flasche ernährt wurden, treten bei ihnen Schwierigkeiten mit dem Daumenlutschen auf. Das kommt daher, daß das Saugen an der Brust auf natürliche Weise das organische Bedürfnis des Saugens, das jedem Säugling eigen ist, völlig befriedigt.
Milch durch einen Schnuller aus der Flasche zu saugen dauert nicht lange genug und ist viel weniger angenehm. Die Milch aus der Flasche kann den Hunger des Magens stillen, kann aber nicht den Hunger des Mundes befriedigen, kann nicht dem Kind die Tast- und Geschmackseindrücke geben, die für sein Wohlgefühl notwendig sind. Die Natur läßt sich nicht betrügen, deshalb verschafft sich das Kind die ihm fehlenden Eindrücke dadurch, daß es an seinem Fäustchen saugt, an einem Schnuller, am Zipfel des Kissens, worüber die Muttis sich ganz unnötigerweise aufregen.
Zu alledem kommt noch, daß der in früher Zeit geknüpfte Kontakt zwischen Mutter und Kind die stärkste und dauerhafteste Bindung schafft.

Liebe geht durch den Magen

Die Muttermilch ist zweifellos die beste Nahrung. Das Stillen des Kindes ist nicht nur die einfachste und billigste Ernährungsform, sondern auch eine Quelle freudiger, angenehmer Eindrücke für die Mutter und das Kind. Es ist jedoch eine Tatsache, daß es viele Mütter gibt, die aus dem einen oder anderen Grund ihr Kind entwöhnt haben und es mit Kindernahrung oder entsprechend zubereiteter Kuhmilch füttern.

Wie ich schon erwähnte, befriedigt das Stillen des Kindes nicht nur seinen Nahrungsbedarf, sondern gleichzeitig auch die erwachenden seelischen, emotionellen Bedürfnisse – das Bedürfnis des Saugens an der Mutterbrust, das physiologische Bedürfnis, etwas zu berühren, gewärmt zu werden, sich anzuschmiegen, ist dem jungen Löwen, dem Hundejungen usw. in gleichem Maße eigen wie dem menschlichen Kind. Interessant in dieser Hinsicht sind die Forschungsergebnisse von Prof. Bohdan Zawadzki vom City College of New York.

Die Welpen eines Wurfs wurden in zwei Gruppen geteilt und unter den gleichen Bedingungen ernährt und aufgezogen, mit dem einen Unterschied allerdings, daß die Welpen der Gruppe I reichlich gestreichelt und liebkost wurden, die Welpen der Gruppe II mußten diese kinästhetischen Reize (so nennt man das Berühren, Ansichdrücken, Streicheln, das man unter dem allgemeinen Begriff der Zärtlichkeit zusammenfaßt) entbehren.

Die Welpen der Gruppe II, die ohne Zärtlichkeit, sonst aber völlig korrekt aufgezogen wurden, zeigten eine beträchtliche Verzögerung in ihrer seelischen Entwicklung, verglichen mit ihren »liebkosten« Altersgenossen, ja die liebkoste Gruppe zeichnete sich sogar durch besseres Gewicht, höheren Wuchs und größere körperliche Kraft aus.

Für Kynologen stellt das keine Überraschung dar. Jeder Hundeliebhaber achtet deshalb peinlich darauf, daß ein junger Hund immer von der gleichen Person gefüttert wird – denn nur so lernt er sich an jemanden anzuschließen, was für die richtige Entwicklung der höheren Nerventätigkeit unbedingt notwendig ist. Wenn ein solches Band fehlt, so wirkt sich das ungünstig auf das ganze weitere Leben aus.

Dabei müssen wir bedenken, daß ein Kind mit einem Welpen nicht zu vergleichen ist, weil die Psyche des Menschen viel komplizierter ist als die Psyche des Hundes.

Es ist aber eine allgemeine Tatsache, daß jeder Aquariumbesitzer mehr von der Aufzucht von Fischen versteht, jeder Kleingärtner mehr von der Rosenzucht, als durchschnittliche Eltern von der »Aufzucht« eines Menschen.

Aber kehren wir zum Thema zurück. Wenn wir vom Stillen an der Mutterbrust zur Flaschenernährung übergehen, müssen wir alles daransetzen, daß alle Elemente des Stillens, die körperliche Nähe, die Wärme und Zärtlichkeit, erhalten bleiben.

Wenn du aufhörst, dein Kind an der Brust zu stillen, dann beraube es nicht deiner Nähe, vertraue es nicht dritten Personen an, Großmüttern, Tanten, Fremden. Ihr kennt euch noch zu wenig, um nicht jede Gelegenheit der Annäherung zu nutzen, bemühe dich also auf jeden Fall, dein Kind selbst zu füttern, nimm es dabei auf den Arm, füttere es nicht im Bettchen oder im Wagen, in liegender Stellung. Halte es in deinem Arm, und es wird dann schon dein Lächeln, deine Zärtlichkeit herausfordern, es lehrt dich das, was in keinem Buch steht: Zärtlichkeit. Man geniert sich etwas, das Wort auszusprechen; kinästhetische Reize: das klingt gelehrt. Beides bedeutet aber das gleiche.

Von der Muttermilch zur Brotschnitte

Die Bedürfnisse eines Kleinkindes auf dem Gebiet der Ernährung unterscheiden sich im Prinzip nicht von den Bedürfnissen eines Erwachsenen. Der Organismus des Menschen, unabhängig vom Alter, verlangt, daß ständig die vier Grundnahrungsmittel vorhanden sind: Eiweiß, Fett, Kohlenhydrate, energieliefernde Stoffe, wie Mineralsalze und Vitamine, sowie so allgemein verbreitete Substanzen, daß sie in der Regel gar nicht erwähnt werden: frische Luft und Wasser.

Der Speisezettel eines Säuglings unterscheidet sich von dem eines Erwachsenen dadurch, daß man die Nahrungsstoffe in flüssiger Form verabreichen muß, angepaßt an die begrenzten Möglichkeiten seiner Verdauung. Erforderlich ist auch, diese Stoffe – im Vergleich zu seinem Körpergewicht – in beträchtlich größerer Menge zu geben wegen des ungeheuer schnellen Wachstumstempos.

So ißt das sechs Wochen alte Kind im Vergleich zu seinem Körpergewicht dreimal so viel wie sein 30jähriger, körperlich schwer arbeitender Vater.

Das Neugeborene ist ungeheuer gefräßig, es will in erster Linie essen. Die später häufigste Sorge der Eltern. »Mein Kind will nicht essen« scheint in dieser Zeit einfach undenkbar.

Der Hunger muß anfangs häufiger gestillt werden als bei einem älteren Säugling. Wir machen keinesfalls einen Fehler, wenn wir in den ersten sechs Wochen sechs- oder sogar siebenmal am Tag füttern und das Kind nicht einer strengen Einteilung unterwerfen, für die es noch nicht reif ist.

Auf diesem Gebiet, wie auf jedem anderen, muß die Erziehung den normalen Prozeß des physiologischen Reifens unterstützen, sie darf ihn nicht beschleunigen wollen und auch nicht aufhalten.

Wie verläuft dieser Prozeß?

Die Frucht im Mutterleib erhält alle Nährstoffe aus dem Blut der Mutter in der Form einfacher Elemente, die für die unmittelbare Verwertung in den Stoffwechselprozessen des Organismus geeignet sind. Die Mutter ißt ein Kalbsschnitzel, Gemüse, Kompott – in das Blut des Kindes gelangen Aminosäuren, Glukose, Fettemulsion, Kalzium,

Eisen usw., alles fertig zum sofortigen Gebrauch. Die Arbeit der Verdauung bleibt ihm gänzlich erspart.
Die Nabelschnur wird durchschnitten, der erste Atemzug – und schon ist die Ernährungsweise des Kindes plötzlich verändert. Der Weg durch das Blut ist gesperrt, ein neuer Weg, durch den Mund, wurde geöffnet. Auf diesem Weg muß das Kind mit seinen eigenen Verdauungsorganen die Nahrung aufnehmen und verarbeiten.
Für diese Organe, die erst zu funktionieren beginnen, hat die Natur eine einfache, leicht verdauliche Nahrung vorbereitet – die Muttermilch. Die ersten drei Monate befriedigt die Muttermilch alle Bedürfnisse des wachsenden Säuglings.
Nach dieser Zeit, die noch durch völlige Unreife und Abhängigkeit von den im Mutterorganismus bereiteten Produkten gekennzeichnet ist, besteht der erste Schritt zum künftigen »Beefsteak« darin, daß man neben der Muttermilch jetzt auch leicht verdauliche, aber von außen kommende Substanzen, wie Vitamin D und allmählich ansteigende Mengen von Obstsäften gibt. Ein weiterer Schritt in der Reife des Verdauungsapparates ist die Fähigkeit, nicht nur flüssige Nahrung, wie Milch, zu verdauen, sondern auch halbflüssige, wie Grieß, fein zerkleinertes Gemüse und Obst, Eidotter und sogar zerkleinertes Fleisch. Das entspricht den geänderten Bedürfnissen des kindlichen Organismus, denn in dieser Zeit, vom vierten Lebensmonat an, zeigt sich beim Kind ein gesteigerter Bedarf an Eisensalzen und anderen Substanzen, die in der Milch nicht vorhanden sind.
So beginnt das Kind die zweite Etappe der Reifung der Verdauungsfunktion – die Zeit der zerkleinerten Nahrung. Sie wird nicht lange dauern, denn schon im sechsten Lebensmonat zeigen sich die ersten Zähnchen, und die Fähigkeit des Beißens reift heran. Die Nahrung muß nicht mehr so klein geschnitten sein, sie muß auch nicht mehr halbflüssig sein, eher halbfest. Diese Zeit, die wir die Periode der teilweisen Reife nennen, fällt auf das Ende des ersten

und den Anfang des zweiten Lebensjahres. Im zweiten Lebensjahr muß das Kind alles essen können, was auch die übrige Familie ißt, ohne besondere Zerkleinerung. Bei diesem ganzen Vorgang ist wichtig, daß das Kind die Lust zum Essen behält, die in den ersten Monaten seines Lebens so ausgeprägt war.

Das erste Jahr des Lebens ist auch in dieser Hinsicht das wichtigste. Legen wir jetzt alle Anweisungen zur Seite und betrachten wir unser Kind. Können wir seinem Verhalten entnehmen, wie weit es auf dem Weg von der Mutterbrust zum Schnitzel, von der Flasche mit Schnuller zum Butterbrot fortgeschritten ist?

Der Reflex des Saugens und Brustsuchens, der sogenannte Rüsselreflex, den jedes gesunde, ausgetragene Kind bei der Geburt hat, zeigt, daß das Neugeborene bereit ist, flüssige Nahrung aufzunehmen, die Brustwarze zu suchen und zu saugen.

Wenn wir einem zwei Monate alten Säugling ein Löffelchen mit dickerer Nahrung, zum Beispiel zerkleinertes Gemüse, geben, dann können wir uns leicht überzeugen, daß er daß Gemüse weder vom Löffelchen nehmen noch von der Zungenspitze in den Schlund schieben kann. Er kommt mit diesem dicken Brei noch nicht zurecht und macht das einzig richtige, was er machen kann: er spuckt ihn aus. Wir haben uns zu sehr beeilt, warten wir noch ein wenig, und das Kind gibt uns von selbst zu verstehen: »Ich kann die Nahrung aufnehmen, ich kann beißen und schlucken, ich habe genügend Magensäfte, um Brei verdauen zu können.«

Im vierten Monat verschwindet der Reflex des Brustsuchens. Das Saugen ist nicht länger die dominierende Reaktion auf äußere Reize. Dafür zeigen sich neue Reflexe, wie der Beißreflex. Das Kind preßt immer wieder einmal die Kiefer über der Brustwarze der Mutter oder dem Schnuller zusammen. Gleichzeitig kommt es zu reichlicher Speichelbildung. Die reichliche Speichelmenge zeigt, daß der Verdauungsapparat eine höhere Stufe der Entwicklung erreicht hat und daß wir von nun an dickere Nahrung geben können. Sie wird vom Speichel und den Verdauungssäften des Kindes entsprechend verdünnt und verdaut. Nun ist auch die Fähigkeit herangereift, die Nahrung vom Löffelchen nehmen und hinunterschlucken zu können.

Im sechsten oder siebenten Lebensmonat zeigen sich die ersten Zähnchen. Unser Kind ist kein zahnloser Säugling mehr – die ersten Zähne bedeuten: »Ich kann und will beißen, ich habe genug von diesem zerkleinerten Gemüse und dem ewigen Milchbrei. Ich kann ein Stück von einem Zwieback abbeißen, kann es zerkleinern und hinunterschlucken.« Dieses Beißverlangen gibt das Kind sehr ausdrucksvoll zu erkennen und übt verbissen seine neue Fähigkeit. Es beißt nicht nur auf einer Brotkruste herum, auf dem Zwieback, sondern auch auf dem Gummispielzeug und der Klapper.

Unter ungünstigen Bedingungen, wenn dieses Bedürfnis nach Beißen nicht befriedigt wird, beißen 8–9 Monate alte Säuglinge manchmal die Farbe von den Stangen ihrer Bettchen, den Lack von den Stühlen usw. Ein Kind im dritten Quartal seines Lebens gibt selbst zu erkennen, daß es von der Brust bzw. von der Flasche mit Schnuller entwöhnt werden kann, denn es beginnt nun die dritte Etappe der Ernährung, die völlige Reife. – Während dieser Etappe kann das Kind zwar schon beißen, aber es kann noch nicht richtig kauen. Deshalb müssen die Speisen noch in kleine Stückchen geschnitten werden.

Die Ernährungsreife schreitet schnell fort. Am Ende des zweiten Lebensjahres hat das Kind ungefähr 14 Zähne, sogar schon die ersten Backenzähne. Jetzt kann es beißen, kauen und alle einfachen, gesunden Speisen gut verdauen.

V HILF DEINEM KIND, SICH ZU BERUHIGEN

Eine häßliche Angewohnheit oder eine Notwendigkeit

Am Finger zu lutschen – das ist eine Angewohnheit, die wir häufig bei Säuglingen und Kleinkindern finden. Die Mütter kommen oft mit der Frage, was für Ursachen das hat, ob man etwas dagegen tun kann und ob man dem Kind diese häßliche Angewohnheit abgewöhnen soll.

In meinen Ausführungen über die Vorzüge der Brusternährung habe ich darauf hingewiesen, daß durch das Stillen nicht nur die Ernährungsbedürfnisse des Kindes befriedigt werden, sondern daß das Kind auch die Möglichkeit erhält, seine Saugbedürfnisse, die im ersten halben Jahr seines Lebens besonders stark sind, voll zu befriedigen. Es ist zum Beispiel bekannt, daß das Kind beim Füttern die ihm entsprechende Nahrungsmenge in den ersten 5–6 Minuten aufnimmt, weitere 10 Minuten dienen ihm dazu, seine Bedürfnisse des Schmeckens, Berührens, sein Verlangen nach Wärme und Bewegung zu stillen, was ihm der Prozeß des Saugens ermöglicht.

In dieser Hinsicht sind die Experimente interessant, die mit jungen Hunden gemacht wurden. Sie wurden von der Mutter entwöhnt und mit der entsprechenden Menge Milch mit Nährstoffen gefüttert. Die jungen Hunde benahmen sich so wie Säuglinge, die nicht genügend Gelegenheit zum Saugen haben. Sie kompensierten die unzulänglichen Eindrücke, indem sie an ihrer Pfote oder der Pfote und dem Fell ihres Nachbarn saugten.

Wenn also unser Kind anfängt, das Händchen oder den Finger in den Mund zu stecken, so gibt es damit zu verstehen, daß die Zeit für das Saugen zu kurz war. Strenge

Maßnahmen, wie zum Beispiel die Händchen festbinden, helfen da gar nichts. Wenn wir verhindern, daß das Kind die Händchen bewegt, dann fängt es an, am Kissenzipfel zu saugen, an der Bettdecke, schließlich an der eigenen Lippe oder an der Zunge. Auch in diesem Falle, wie in jedem anderen, führen Maßnahmen gegen die natürlichen Bedürfnisse des Kindes zu den schlechtesten Resultaten, das Fingerlutschen wird zur verbotenen Frucht, um die sich alle Sehnsüchte des Kindes drehen.

Ein solches Verhalten fördert das Fortbestehen der Gewohnheit. Wir alle kennen Kinder von 2 bis 4, ja sogar von 6 Jahren, die sich von dieser Angewohnheit, die sie selbst lächerlich macht und die ihnen deshalb unangenehm ist, nicht losmachen können. Von ihnen ein andermal mehr. Kommen wir auf unsere 2–3 Monate alten Säuglinge zurück, die sich noch mit ungeschickten Bewegungen bemühen, das Fäustchen in den Mund zu stecken. Diesen Bemühungen gehen oft Schreie des Unwillens voraus, heftige Bewegungen des Kopfes und des Mundes – die Händchen gehorchen noch nicht. Das ist nun die richtige Zeit, um einzuschreiten, bevor sich das Kind daran gewöhnt, am Finger oder dem Fäustchen zu saugen. Was kann man nun zur Vorbeugung in diesen Fällen tun?

Vor allem – stillen an der Mutterbrust. Die Kinder mit Brusternährung fühlen viel seltener das Bedürfnis nach zusätzlichem Saugen als die Flaschenkinder. Wenn sie in den Armen der Mutter liegen, können sie die Zeitdauer der Nahrungsaufnahme nach ihren Bedürfnissen einrichten. Dem einen genügen 10 Minuten, der andere will 20–25 Minuten an der Brust bleiben. Die Bedürfnisse des Kindes sind dann völlig befriedigt, es entsteht nicht das Gefühl des Unbefriedigtseins und nicht die Notwendigkeit, zum Schnuller, zum »Kaugummi« zu greifen. Anders verhält es sich bei der Ernährung aus der Flasche. Die Flasche wird zu schnell leer, die Zeit des Saugens ist zu kurz, statt 15 Minuten kaum 5, manchmal noch weniger.

Die Mütter wundern sich – das Kind ist satt, hat seine

Portion bekommen, und doch wälzt es sich unruhig hin und her, sucht etwas, schreit. Bis zu einem gewissen Grad kann man die Zeit des Saugens verlängern, indem man Schnuller mit entsprechend kleinen Öffnungen nimmt. Wenn man das Füttern verlängern will, indem man größere Pausen einlegt, so geht das am Ziel vorbei – es geht ja gerade darum, das eigentliche Saugen zu verlängern.
Bei Säuglingen, die die Tendenz zeigen, am Finger zu lutschen, verlängern wir die Pausen zwischen den Mahlzeiten allmählicher als in anderen Fällen. Sie »lieben« das Saugen und die Zeit zwischen den Mahlzeiten dauert ihnen zu lange.
Wenn das aber alles nichts hilft und das Kind nicht aufhört, am Finger zu lutschen – dann entschließen wir uns für das kleinere Übel und geben den Schnuller. Das ist nun mal die Gebühr.

Ist der Schnuller so schrecklich?

Ist der Schnuller so schrecklich, wie man oft hört? In den einzelnen Mundarten hat er viele Bezeichnungen. In den angelsächsischen Umgangssprachen und auch in der ärztlichen Terminologie ist er zum Rang eines Beruhigungsmittels aufgestiegen und heißt »pacifier« – Beruhiger, so etwas wie Brom für die schreienden Säuglinge.
In Apotheken und Drogerien wird er unter der Bezeichnung »Sauger mit Ring« verkauft, zum Unterschied vom gewöhnlichen Schnuller, der auf die Milchflasche gestülpt wird.
Dieser Schnuller hat kein Loch; wenn das Kind daran saugt, schluckt es keine zusätzliche Luft und die kleine Plastikscheibe, die sich vor den Mund des Kindes legt, hält den Schnuller von außen fest.
So einen Schnuller geben wir den Säuglingen, deren Bedürfnis nach Saugen so groß ist, daß es durch den Essensvorgang allein nicht befriedigt werden kann. Wenn das

Kind am Schnuller saugt, beruhigt es sich gewöhnlich schnell. Der Anlaß zur Unruhe und zum Schreien ist beseitigt – die Stille im Hause wirkt auch beruhigend auf die Eltern, damit ist die Bezeichnung »pacifier« berechtigt. Einen solchen Beruhiger, einen solchen Gummischnuller, verlangen meistens diejenigen Säuglinge, die aus der Flasche ernährt werden, seltener solche, die die Mutter an der Brust gestillt hat, obwohl es auch unter ihnen Kinder gibt, denen die Zeit an der Mutterbrust nicht ausreicht.

Die Verwendung verschiedener Arten von Schnullern in der Säuglingspflege ist seit undenklichen Zeiten eine weitverbreitete Sitte. Die Errungenschaften der Medizin in der ersten Hälfte des 20. Jahrhunderts, vor allem die Hinweise der Bakteriologen auf die Gefahren, die durch Ansteckung mit Bakterien auf ungereinigten Schnullern entstehen können, haben dazu geführt, daß der Schnuller aus der Kinderheilkunde offiziell verbannt wurde. Seine Verwendung wurde in den letzten Jahrzehnten als unnötig, falsch und schließlich als schädlich angesehen. Es war dies die Zeit, als die Medizin, geblendet von der Macht der »Halbgötter in Weiß«, hingerissen von den immer größeren Möglichkeiten, welche ihr die Fortschritte der Technik und der exakten Naturwissenschaften in die Hand gaben, um ein Haar vergessen hätte, den gesamten Menschen zu sehen. Ganz zu schweigen von den Bedürfnissen eines kleinen Menschen, der nichts sagen kann, nichts verlangen, der nur schreit.

Man muß jedoch objektiv zugeben, daß viele Tatsachen bei einigen Ärzten eine durchaus berechtigte Ablehnung der »Beruhiger« hervorriefen und noch hervorrufen. Manchmal wird heute noch, besonders auf dem Land, ein Stück Zucker in einen Lappen eingewickelt und als Schnuller benutzt, oder man nimmt eine eingeweichte Brotrinde, verwendet Mohn, mit Zucker zerrieben usw. Auch folgendes Bild kann man sehen: Ein Schnuller rutscht dem Kind aus dem Mund und fällt auf die Erde. Die Mutter hebt ihn auf und wischt ihn an der Schürze oder mit ihrer

schmutzigen Hand ab, feuchtet ihn mit dem eigenen Speichel an und steckt den so »gereinigten« Schnuller wieder in das Mündchen des Kindes.
Kein Zweifel, daß so etwas nicht vorkommen darf. Aber ich irre mich wohl nicht, wenn ich annehme, daß in der heutigen Zeit jede Mutter weiß, daß man die Schnuller peinlich sauberhalten muß, daß man drei bis vier auf einmal kaufen sollte, die nach dem Auskochen in einem Plastiktäschchen aufzubewahren sind, damit man immer einen sauberen Ersatz bereit hat.
Einen Schnuller darf man nicht zu lange benutzen, denn der Gummi wird brüchig und porös.
Auf jeden Fall brauchen wir nicht mehr so bedingungslos die Omas zu verurteilen, die ihrem Enkel einen Schnuller geben. Wenn man die Grundsätze der Hygiene beachtet, so scheint ein Gummischnuller das harmloseste von allen bekannten Beruhigungsmitteln zu sein.
Er ist das kleinere Übel – besser am Schnuller saugen als am Finger lutschen.

Noch mehr über den Schnuller und das Fingerlutschen

Ungefähr 50% der Säuglinge spüren überhaupt kein gesteigertes Bedürfnis nach Saugen und geben sich völlig mit der Zeit während des Trinkens zufrieden. Sie stecken den Finger oder das Fäustchen zwar auch mal in den Mund, aber nur zu »Forschungszwecken«. Vergessen wir nicht, daß bei einem Kleinkind der Tastsinn nicht in den Händen, sondern im Mund sitzt, so daß man jeden Gegenstand, und natürlich auch das eigene Fäustchen und die eigenen Füßchen, in den Mund stecken muß.
Diese ruhigen, mit sich und dem Leben zufriedenen Wesen sind nicht der Gegenstand unserer Erörterungen über den »Befriediger«, und niemandem würde es einfallen, ihnen einen Schnuller in den Mund zu stecken.
Aber für die anderen, die schreienden, die unruhigen, die

in der Zukunft vielleicht zu Feinschmeckern oder zu leidenschaftlichen Zigarettenrauchern werden, für diese müssen wir entscheiden: Finger oder Schnuller – dann lieber Schnuller.
Warum? Das Saugen am Schnuller ist eine Angewohnheit, welche das Kind viel schneller aufgibt als das Saugen am Finger, im Durchschnitt in der halben Zeit.
Es ist relativ selten, daß die Gewohnheit des Saugens am Schnuller über das erste Lebensjahr hinaus fortdauert, während das Fingerlutschen gewöhnlich bis zum zweiten, dritten, nicht selten bis zum sechsten Lebensjahr anhält.
Das Fingerlutschen führt häufiger zu Mißbildungen im Oberkiefer und zu fehlerhaften Zähnen, weil der Finger härter ist als der Schnuller und weil länger an ihm gesaugt wird.
Wenn man also schon einen Schnuller geben muß, so möglichst frühzeitig, bevor sich das Gefühl des Unbefriedigtseins festsetzt und vertieft – dann, wenn das Kind nach dem Füttern noch unruhig ist und saugende und suchende Bewegungen macht. Gerade dann ist es Zeit, ihm den Schnuller zu geben – soll es saugen, soviel es Lust hat.
Wenn die Saugbewegungen schwächer werden und das Kind einzuschlafen beginnt, dann ist es angebracht, den Schnuller vorsichtig aus dem Mund zu nehmen. Das Kind gewöhnt sich besser nicht daran, mit dem Schnuller im Mund zu schlafen, denn es ist schwer, ihm das später wieder abzugewöhnen.
Die Säuglinge, die frühzeitig den Schnuller erhalten, kommen auch frühzeitig wieder davon los. Der Saugreflex wird in dem Maße schwächer, wie sich die Beißfähigkeit entwickelt und das Interesse an der Außenwelt zunimmt. Der Verzicht auf den Schnuller findet nicht von einem Tag zum anderen statt, sondern allmählich. Im Laufe des zweiten Halbjahres kann das Kind den Schnuller entbehren, braucht ihn aber ab und zu, wenn es krank ist, Schmerzen hat oder aus irgendeinem anderen Grund besonderen Trost und »Befriedigung« verlangt.

Man muß mit aller Entschiedenheit betonen, daß die richtige Entwicklung des Kindes, sein wachsendes Interesse an der Welt, sein Sicherheitsgefühl es auf natürliche Weise dazu bringen, das Saugen am Schnuller von sich aus aufzugeben, wie im übrigen auch das Fingerlutschen. Wenn das Kind sehr an den Schnuller gewöhnt ist, dann darf man ihn nicht mit Gewalt wegnehmen oder ihn verstecken und behaupten, er wäre verlorengegangen.

Wenn man zu Strafen schreitet, die Händchen festbindet oder die Finger mit widerlichen Salben beschmiert, wenn man damit an dem Kind seine eigene Unzufriedenheit oder gar seinen Zorn ausläßt, so führt das zu den entgegengesetzten Ergebnissen, weil eine verhältnismäßig harmlose Gewohnheit, die eines Tages von selbst verschwindet, zu einer schweren Unart hochgespielt wird.

Ein älteres Kind darf man auf keinen Fall beschämen, indem man die Aufmerksamkeit Fremder darauf lenkt oder es vor fremden Leuten tadelt: »So ein großer Junge, so ein großes Mädchen und schämt sich nicht, die Finger in den Mund zu stecken.«

Der Finger im Mund ist auch bei älteren Kindern ein Zeichen von Unruhe, und ein solches Verhalten verstärkt die Unruhe und macht die Sache noch schlechter.

Man muß dem Kind helfen, selbständiger zu werden, dann wächst es von selbst aus dieser unangenehmen Gewohnheit heraus.

VI ZWINGE DEIN KIND NICHT ZUM ESSEN

Ein Medikament gegen Appetitmangel

Eine Arznei für den Appetit? Wieviel Mühe geben sich oft die Eltern, wandern von Arzt zu Arzt, von Apotheke zu Apotheke, und suchen ein Mittel, das ihrem Kind die Lust am Essen zurückgibt. Diese Wanderungen enden meistens mit einem Mißerfolg. Auch ich muß offen gestehen, daß ich keine Arznei gegen Appetitmangel kenne. Ich kenne keine Tropfen, Mixturen, Spritzen, die dem armen Suppenkaspar Appetit verschaffen könnten. Der Appetit, ebenso wie die Gesundheit und die Lebensfreude, ist eine komplexe Erscheinung, das Ergebnis verschiedener Faktoren, die auf den Menschen wirken.
Wir wissen, daß wir Erwachsenen unter der Einwirkung starker Eindrücke, zum Beispiel bei Freude und Trauer auch den Appetit verlieren. Wir verlieren ihn auch, wenn wir uns in Gesellschaft unangenehmer Personen befinden, wenn der Kellner im Restaurant unhöflich ist, wenn die Serviette schmutzig ist, wenn sich auf dem Glas noch Spuren von Lippenstift befinden. Wir verlieren schließlich den Appetit, wenn uns die Hausfrau zu übermäßigem Essen nötigt und wir gerade nur Lust zu einem leichten Imbiß verspüren, aber auch bei Müdigkeit und an heißen Tagen. Wir machen uns nichts aus diesem vorübergehenden Appetitverlust, wir kennen ja seine Ursachen, wir wissen aus langjähriger Erfahrung, daß unser Appetit veränderlich ist, daß er nicht nur vom Hungergefühl, sondern von vielen seelischen Faktoren abhängig ist, die auf uns einwirken und gegen die es in der Apotheke leider kein Mittel gibt. Wenn wir zeitweise weniger

essen, halten wir uns dafür bei anderer Gelegenheit schadlos. Mit Empörung und sogar Feindseligkeit würden wir jeden behandeln, der auf uns Druck ausübte, um uns zur Nahrungsaufnahme zu zwingen.
Wir würden für unsere Ablehnung schon die passenden Argumente finden: »Wenn ich keinen Appetit habe, so bedeutet das, daß mein Magen nicht nur auf Essen eingestellt ist. Das Essen mit Gewalt, unter Zwang, ist nicht gut für die Gesundheit. Laßt mich in Ruhe.«
Und das Kind? Der Appetit des Kindes unterliegt denselben Schwankungen wie der des Erwachsenen, sogar noch größeren, denn größer ist die Amplitude seiner Freude und seines Leids, und es fehlt ihm die ausgleichende Wirkung eines Mittels, das man bestimmt nicht in der Apotheke bekommt und das da heißt – Lebenserfahrung.
Über dieses Mittel müssen dagegen die Eltern des Kindes verfügen und sie müssen es gemäß dem ärztlichen Grundsatz »primum non nocere« – vor allem nicht schaden – anwenden.

Vor allem nicht schaden!

Die Eltern wollen niemals, daß ihr Kind einen Schaden erleidet, sie wollen immer nur sein Bestes, ebenso wie der Arzt immer das Wohl seines Patienten im Auge hat, und doch ist die Befolgung dieses Grundsatzes schwieriger, als es scheint. Denn um dem Kind zu helfen oder wenigstens ihm »nicht zu schaden«, muß man es gut kennen und verstehen, muß man wissen, wie groß die Schwankungen in den Grenzen des Normalen sein können und daß sie bei allen Kindern unterschiedlich sind. Man muß sich vor allem davor hüten, das Kind in ein starres Schema pressen zu wollen, in das es nicht hineinpaßt.
Nicht schaden – das bedeutet, das Kind mit seinem eigenen Maß zu messen.
Ein Mensch im Alter von zwei bis fünf Jahren hat so

manche Schwierigkeiten mit dem Leben. Er hat auch gewisse Schwierigkeiten mit dem Essen. Wenn man sie kennt und versteht, ist es leichter, nicht zu schaden, sondern zu helfen – und letzten Endes weiß der Organismus des Kindes oft selbst am besten, was für ihn gut ist.

Ein Rezept zum Entziffern

Vorhin habe ich den Leser mit einem Grundprinzip des ärztlichen Verhaltens vertraut gemacht, das lautet: »primum non nocere« – vor allem nicht schaden. Es schien mir richtig, diesen Grundsatz als eine Art Wegweiser für den Umgang mit dem Kind auf allen Gebieten, besonders auf dem Gebiet der Ernährung aufzustellen.
Es gibt Kinder, die »lieben« es, zu essen, sie essen immer gern und viel. Diese Kinder – ebenso wie gewisse Erwachsene – werden sogar aus Kummer dick, denn sie trösten sich durch Essen. Es gibt andere Kinder, zarte, reizbare, die ziemlich wenig essen. Jedes stärkere Erlebnis nimmt ihnen sofort den Appetit.
Diese Kinder essen nicht viel bei den Hauptmahlzeiten, aber sie nehmen gern einen kleinen Imbiß – ein belegtes Brötchen, ein Glas Milch, einen Zwieback – in den Pausen zwischen den Mahlzeiten zu sich.
Gerade diese nervösen Kinder, die bei Tisch wenig essen, ertragen es nur schwer, längere Zeit auf die Mahlzeiten warten zu müssen – man beobachtet bei ihnen oft Launenhaftigkeit, Eigensinn, Wutanfälle und Weinen vor dem Mittag- und Abendessen. Ein kleiner Imbiß hebt die Stimmung und verdirbt sicher nicht den Appetit.
Aber Vorsicht – wenn ich Imbiß sage, dann meine ich nicht Süßigkeiten, Kuchen, Bonbons und Schokolade. Ich würde sie gern vom Speisezettel des Kindes streichen – ohne Schaden für das Kind, aber zum Nutzen für die Haushaltskasse.
Beobachtet man mehrere gleichaltrige Kinder beim Essen,

so stellt man fest, daß ihr Appetit sehr unterschiedlich ist. Aber auch ein und dasselbe Kind ist manchmal hungrig wie ein Wolf und kann viel essen, und dann wieder pickt es wie ein Vögelchen. Manchmal ißt es gern ein reichliches Frühstück, das Mittagessen dagegen rührt es kaum an, dann wieder..., aber verlieren Sie doch nicht die Ruhe, machen Sie sich keine Sorgen.

Das kleine Kind trödelt manchmal beim Essen. Erst geht alles gut, plötzlich kommt es nicht zurecht, wird müde. Dann muß man ihm helfen, aber auf keinen Fall darf man es zwingen. Es kommt noch nicht so mit dem Löffel zurecht, mit dem Teller, deshalb ist es vielleicht besser, ihm die Suppe und den Brei in einer Tasse zu geben. Zum Frühstück und Abendessen kann man Speisen geben, die man mit der Hand essen kann, wie belegte Brötchen, eine rohe Möhre, Rettiche, diese sogenannten »finger foods«, die sich zunehmender Beliebtheit erfreuen, ermöglichen es dem Kind, gemäß seinen Fähigkeiten selbständig zu essen.

Kleine Kinder lieben mürbe Speisen, die leicht zu kauen sind, trockene Nahrung ist für sie schwer zu schlucken. Zu einem Brötchen und überhaupt zu jedem Gebäck trinken sie gern. Die warmen Mahlzeiten dürfen nicht zu heiß sein – Tee und Milch nur lauwarm.

Ein Kind hat nicht die Geduld zu warten bis das Essen abgekühlt ist, und wenn es sich einmal verbrannt hat, dann kann es eine Abneigung gegen diese Speise bekommen. Es mag auch keine Speisen mit scharfem Geschmack oder Geruch, zum Beispiel Soßen und scharfe Gewürze, wie Paprika, Knoblauch usw.

Unsere Zwei- bis Dreijährigen sind sehr konservativ, und die äußerlichen Formen einer Tätigkeit haben in diesem Alter die Bedeutung eines Rituals.

Eva liebt es nicht, daß sie bei Tisch einen anderen Platz bekommt, so wie sie es nicht zuläßt, daß die Worte eines Märchens, das sie kennt, verändert werden.

Eva ißt gern von ihrem Teller, mit ihrem Löffel, trinkt aus

ihrem Glas und kann völlig den Appetit verlieren, wenn diese Gewohnheit geändert wird. Gerade dieser Konservatismus des kleinen Kindes, bei aller Veränderlichkeit seiner Stimmung und seines Geschmacks, wird zur Basis, auf der sich allmählich gute, gesundheitsfördernde Eßgewohnheiten bilden. Aber es gibt dafür kein starres Schema. Jedes Kind hat seinen eigenen Geschmack – die Sache der Eltern ist es, ihn zu erkennen und nach Möglichkeit zu berücksichtigen.

Der Suppenkaspar

Am Ende des ersten Jahres bis zum zweiten und dritten Lebensjahr kann man bei den meisten Kindern eine Verminderung oder zeitweise Schwächung des Appetits beobachten.
Das ist eine allgemeine Erscheinung, die ebenso psychologisch verständlich ist, wie zum Beispiel der physiologische Gewichtsverlust in den ersten Tagen nach der Geburt. Das zweijährige Kind ist kein willenloser Säugling mehr, es tritt in die Welt der Erwachsenen ein und steht immer fester auf den eigenen Beinen.
Das Essen ist nicht mehr seine einzige Beschäftigung – es gibt so viele neue, interessante Dinge zum Kennenlernen.
Am interessantesten ist die neu erworbene Fähigkeit des Denkens, die Beherrschung des Wortes, die Verfügung über die faszinierende Macht »ich will« und »ich will nicht«, dazu das wachsende Bedürfnis nach Selbständigkeit und neuen Erfahrungen.
Die starken seelischen Erlebnisse dieser Zeit können oft das primitive Gefühl des Hungers überdecken. Ein gedeckter Tisch ist für das Kind nicht nur Nahrungsmittelquelle, sondern kann – ebenso wie die übrige Umgebung – ein Feld für Entdeckungen und Untersuchungen sein. Angenehme Eindrücke, die mit dem Essen verbunden sind,

können wirkungsvoll den Appetit anregen, dagegen können unangenehme Erlebnisse besonders in diesem Alter sehr leicht zu Appetitverlust führen und in dem Kind sogar einen ständigen Widerwillen gegen das Essen hervorrufen. Wissenschaftliche Untersuchungen, die mit einer großen Gruppe von Kindern viele Jahre lang durchgeführt wurden, haben gezeigt, daß bei allen untersuchten Kindern zwischen dem ersten und dritten Lebensjahr eine Verminderung des Appetits eintritt. Bei einigen dauert sie nur kurze Zeit, und bei anderen hält sie sich einige Jahre. Bei weitaus den meisten Kindern betrifft die Eßunlust bestimmte Speisen, zum Beispiel Milchspeisen, Grießbrei, zerkleinertes Gemüse, wie Spinat.

Man muß mit aller Entschiedenheit betonen, daß dieser vorübergehende physiologische Appetitverlust in der Regel nicht den Ernährungszustand und das Wohlbefinden des Kindes beeinträchtigt, wenn nicht zusätzlich schädliche Faktoren dazukommen. Druck der Umgebung, Essen unter Zwang und die Nervosität der Mutter, ein System von Strafen und Belohnungen, führen im Endergebnis dazu, daß eine normale, vorübergehende Schwankung im Appetit zu einer dauerhaften, schwer heilbaren Krankheit werden kann.

Man muß eben abgelehnte Speisen eine Zeitlang vom Küchenzettel streichen und dafür solche bringen, die das Kind liebt und gern ißt, dadurch erleichtert man der Mutter und dem Kind, über diese schwierige Zeit der Launen bei Tisch hinwegzukommen.

»Mein Kind will nicht essen« – das ist die häufigste Klage, mit der sich Eltern an den Arzt wenden. Allen ist der »Suppenkaspar« bekannt, ein an sich gesundes, fröhliches Kind, das nur einen Fehler hat – es will nicht essen.

Sehen wir uns die Ursachen dieser Schwierigkeiten etwas genauer an. Rufen wir uns kurz ins Gedächtnis zurück – das zwei- bis dreijährige Kind »reift heran« nach der Art der Erwachsenen zu essen, das heißt die Hauptmahlzeiten beschränken sich meistens auf drei: Frühstück,

Mittagessen und Abendessen. Im Bedarfsfall schieben wir einen kleinen Imbiß dazwischen, der aus Obst, einem Glas Milch oder Keksen besteht.
Das Essen eines zweijährigen Kindes sollte den üblichen, abwechslungsreichen, vollwertigen Speisen der Erwachsenen möglichst angeglichen sein – natürlich mundgerecht zerkleinert.
Man muß bei Kindern in diesem Alter die häufig auftretende Abneigung gegen Milchspeisen und Milchbrei berücksichtigen. Diese Abneigung ist die häufigste Ursache für den beginnenden Konflikt, den heiligen Krieg um den Milchbrei, denn »der ist so nahrhaft und so gesund«.

Der Krieg um den Milchbrei

Die Mütter wollen sich nicht immer damit abfinden, daß ein Kind von zwei bis drei Jahren weniger ißt als ein Säugling von neun Monaten. Diese Tatsache hat jedoch ihre guten physiologischen Gründe. Im ersten Lebensjahr nehmen Gewicht und Größe schnell zu. Vergessen wir nicht, daß das Kind im ersten Lebensjahr um die Hälfte größer wird, das heißt um ganze 25 cm. Sein Gewicht erhöht sich um etwa 7 kg. Diesem schnellen Wachstum entspricht auch der Appetit des Säuglings. Besonders groß ist in dieser Zeit sein Bedarf an Milch, denn Milch enthält Kalziumsalze und das sind die Bausteine für den Bau des schnell wachsenden Knochengerüsts.
Im 2. Lebensjahr wird das Wachstumstempo beträchtlich langsamer. Nicht mehr 25 cm, sondern nur noch etwa 12 cm beträgt im 2. Lebensjahr die Größenzunahme, und im 3. und 4. Lebensjahr wird das Wachstum noch langsamer und beträgt kaum 5–6 cm im Jahr. Auf dieser Höhe hält es sich bis in die Zeit vor Erreichen der Geschlechtsreife. Die Gewichtszunahme im 3. und 4. Lebensjahr beträgt 2 kg jährlich. Allmählich verschwinden die Rundungen und Grübchen, die für einen Säugling typisch sind.

Die Silhouette wird schlanker – das Fettgewebe wird weniger, die Konturen der Muskeln zeichnen sich ab. Das üppige Kindchen, bei deren Anblick die Eltern gerührt sind, wird allmählich zu einem langbeinigen Jungen oder einem schlanken Mädchen.

Ein 9 Monate alter Säugling hat zum Beispiel doppelt so dicke Speckschichten wie ein Fünfjähriger. In diesem Alter wachsen sie also nicht mehr so schnell wie ein Baby und dementsprechend richten sie auch ihren Appetit ein, sie brauchen nicht mehr so viel wie früher. Sie wollen auch nicht mehr das gleiche essen wie früher, vor allem nicht mehr so viel Milch. Ihre Knochen wachsen immer langsamer, sie brauchen nicht mehr so viel Kalzium. Dafür entwickeln sich ihre Muskeln, in Übereinstimmung mit den immer größeren Fertigkeiten, die sie beherrschen. Deshalb sehen sie voll Verlangen auf alle Arten von Wurst, sie essen gern Fleisch, lieben auch einige scharfe Gewürze, sie essen gern ein Brötchen mit einem Hering und ein bißchen Meerrettich schadet ihnen nicht. Sie wollen unzerkleinertes Gemüse essen, üben gern ihre Zähne an einer rohen Möhre, an Rettichen, dafür ist in diesem Alter der Widerwille gegen zerkleinerte, typische Kindernahrung allgemein verbreitet.

Aber die Mamas wissen oft nicht viel von diesen Dingen, sie möchten, daß ihr Baby möglichst lange seine molligen Rundungen behält und leiden sehr darunter, daß ihre lieben Kleinen schlanker werden. Die Mamis glauben an die wundertätigen Eigenschaften des Milchbreis und sind bereit, sich und das Kind zu plagen, um möglichst viel von dieser Nahrung in das Kind hineinzustopfen.

In diesem heiligen Krieg um den Milchbrei führt die Mutter alle Bitten und Drohungen ins Treffen. Die Autorität des Vaters, die Überredungskunst der Oma kommt dazu, aber unser Kind bleibt dabei: »Ich will keinen Brei«, »ich esse keinen Brei«. Kinder werden oft ein Opfer der Gewalt. Der Brei wird ihm einfach eingeflößt, aber die Freude dauert nicht lange. Sie kennen sich aus. Eine kleine Bewegung des Zwerchfells, und der Brei ist wieder draußen.

Dabei kann man denselben Nährwert mit einem appetitlichen Brötchen mit Wurst oder einem Toast mit Milch erzielen. Aber vielleicht hat das Kind diesmal überhaupt keine Lust, etwas zu essen? Am besten ist es, nicht darauf zu bestehen – auf keinen Fall zeigen, daß wir uns wegen seines Verhaltens Sorgen machen.

Das Kind erfaßt unsere Schwächen schnell – es bekommt schnell heraus, wie viel uns daran gelegen ist, daß es ißt, und benutzt das als Druckmittel gegen uns. Und das muß man vermeiden.

VII ERMUNTERE DEIN KIND, SICH UND DIE WELT ZU ENTDECKEN

Das sehr wichtige Wörtchen »Nein«

Der anderthalbjährige Peter macht seit einiger Zeit der Mama große Sorgen. Solange er ein Säugling war, ging alles gut. Das süße, rosige Baby war immer bereit zu lächeln, zu spielen, zärtlich zu sein. Satt und gut gewickelt lag es friedlich in seinem Bettchen und später spielte es brav in seinem Ställchen. Die Eltern blickten voller Rührung auf ihren Sohn. Schließlich kam der mit Ungeduld erwartete Moment. Peter lernte laufen, er bewegte sich immer kühner in der Wohnung und fing an zu sprechen.
Und da begannen nun unvorhergesehene Sorgen und Schwierigkeiten. Er stand auf seinen Beinen und war total verändert. Das reizende Baby, Mamas Liebling, verwandelte sich in einen unausstehlichen, eigensinnigen Jungen. Immer häufiger ertönte in der Wohnung die ungeduldige Stimme der Mutter. Immer häufiger hörte man das aufsässige, zornige »Nein« von Peter.
Er ist unausstehlich, unerträglich geworden, vielleicht ist er krank? Nein, Peter ist völlig gesund – die Zeit vergeht aber und bringt Änderungen mit sich, auf die man gefaßt sein muß.
Das erste Lebensjahr ist herum – die Zeit der säuglingshaften Hilflosigkeit und völligen Abhängigkeit von den Erwachsenen.
Das Kind tritt nun auf eigenen Füßen ins Leben – im wörtlichen und im übertragenen Sinne.
Der anderthalbjährige Peter ist schon eine kleine menschliche Persönlichkeit. Und diese kleine Person gebraucht oft das Wort »Nein«: »Nein, ich esse keinen Brei«, »nein,

ich will nicht ins Bett gehen«, »nein, ich will keine Handschuhe anziehen usw.«. Diese ersten entschiedenen »nein« sollten uns mehr erfreuen als traurig stimmen, so wie uns zum Beispiel das erste Zähnchen freut, obwohl auch das Zahnen nicht ohne Schwierigkeiten abgeht. Durch dieses »ich will nicht« und »ich werde nicht« festigt sich im Kind das Bewußtsein, ein Eigenwesen mit eigenen Ansichten und eigenem Willen zu sein. Es muß seine Persönlichkeit entfalten, seine Selbständigkeit entwickeln. Und da dieses »nein« eine neu erworbene und ungewöhnlich frappierende Fähigkeit ist, braucht man sich nicht zu wundern, daß das Kind sie unablässig übt, unablässig anwendet und eifrig beobachtet, wie seine Umgebung darauf reagiert. Es beschäftigt sich mit dem Wort »nein« wie mit jeder neu erworbenen Fähigkeit so lange, bis es sie völlig beherrscht.

Anfangs kann sich Peter im Klang des Wortes »nein« und seiner Bedeutung sogar täuschen. Die Augen fallen dem Jungen beim Einschlafen zu und er wiederholt hartnäckig sein »nein«.

Wenn wir es wirklich für richtig halten, können wir unser Kind auf jeden Fall so weit bringen, daß es unsere Anordnungen befolgt. In solchen Fällen ist es besser, nicht auf die eigene Überlegenheit zu pochen, sondern die Aufmerksamkeit des Kindes von dem unmittelbaren Gegenstand seines »nein« abzulenken. Zum Glück ist das in diesem Alter leicht – ringsum gibt es so viele interessante und unerforschte Dinge.

Nach Möglichkeit sollte man aber dieses schwache, erst aufkeimende »nein« respektieren. Sie wollen doch nicht, daß Peter zu einem willenlosen, charakterschwachen Menschen heranwächst, der immer mit jedem übereinstimmt, der jeden nachahmt, der sich keine eigene Meinung bilden kann, der sich von jedem überreden läßt.

Es ist schwer, von der schönen Willfährigkeit des Säuglings Abschied zu nehmen, aber es ist notwendig, wenn wir wollen, daß aus Kindern richtige Menschen werden, die konsequent um ihr »ja« kämpfen können, die aber auch,

wenn etwas nicht nach ihrem Sinn ist, deutlich sagen können: »Nein, da stimme ich nicht zu.«
Wir Erwachsenen wissen doch aus eigener Erfahrung, wie wichtig es ist, zur rechten Zeit »nein« sagen zu können. Wie wichtig – und wie schwer oft.

Dein Kind entdeckt sich und die Welt

Die Zeit zwischen dem Ende des ersten Lebensjahres des Kindes und dem Beginn des dritten ist eine der schwersten. Das Kind ist kein Säugling mehr, aber es ist noch ganz klein, es hat ja eben erst gehen gelernt. Jeder Schritt ist eine Entdeckung, jeder Schritt führt in unbekannte Welten, jeder Griff ist ein neuer Fund, der eine ungeheure geistige Anstrengung und viel Mut erfordert. Es sind Reisen ins Unbekannte, und unbekannte Dinge können Angst hervorrufen.
Deshalb halten sich auch die anderthalbjährige Eva und der zweieinhalbjährige Peter so krampfhaft am Rock ihrer Mutter fest. Deshalb überstehen Kinder in diesem Alter so schwer auch eine nur kurzdauernde Trennung von ihrer Mutter. Sie haben noch keinen Zeitbegriff und jede Trennung ist für sie eine Trennung für ewig. Hier hilft selbst die vernünftigste Erklärung nichts. Das Kind ist nicht imstande, sie zu verstehen, das kann man in seinem Alter nicht erwarten. Aber die Mama muß das Kind verstehen – das ist nicht zuviel verlangt.
Es ist daher unnötig, sich darüber aufzuregen, daß Peter »einfach überall« ist, daß er nicht eine Minute ruhig sitzen kann, daß er ständig umherläuft und überall hineinschaut. Denn Peter ist ein Forscher und Erfinder – er muß auf seinen unsicheren Beinchen alle Ecken absuchen, in jeden Winkel schauen, die Form der Gegenstände in seiner Umgebung untersuchen, er muß mit den eigenen Händen feststellen, wie sich eine Anrichte aus Holz und eine Türklinke aus Metall anfühlen. Natürlich muß er einen Stuhl oder

einen anderen Gegenstand, der nicht am Boden befestigt ist, hin und her schieben, herumstoßen, umwerfen, wegtragen, liegenlassen. Das sind grundlegende, lebensnotwendige Physiklektionen über Kraft und Schwere, über die Eigenschaften der Materie.
Am meisten aber fasziniert Peter das Problem, das ich »Raumgeometrie« nennen möchte: was ist niedrig, was hoch? Kleine und große Dinge, schwere und leichte, volle und leere? Eine nicht endenwollende Reihe von Experimenten, die mit Ausdauer wiederholt werden. Klötzchen in ein Kästchen legen, Rädchen und Spulen in das Eimerchen – und sie dann ausschütten. Vielleicht geht es auch umgekehrt – das Eimerchen in die Spule? Aber das gelingt nicht, also muß man daraus die entsprechenden Schlüsse ziehen. Zu diesen Erfahrungen gehört auch, daß Knöpfe in den Mund gesteckt werden, Erbsen und Bohnen in die Ohren. Sehr verlockend ist es auch, Bücher aus den Regalen zu ziehen. Papier raschelt, man kann es knicken, zerreißen, aber da ruft Mama: »Das darf man nicht.« Es ist schwer zu verzichten..., aber Mama liebt man und man will sie nicht böse machen. Peter steigt ungeheuer gern in die Höhe, auf jede Treppe, auf einen umgedrehten Kasten, ja auf einen Stuhl, um von dort die neuentdeckte Welt von oben zu betrachten.
Ein zweieinhalbjähriger ist sich schon klar darüber, daß er jemand ist, und Mama ist jemand anders. Er schaut in den Spiegel und sagt: »Das ist Peter«, dann sagt er: »Das bin ich«, aber darüber hinaus unterscheidet er nicht sehr gut zwischen lebenden und toten Gegenständen. Wenn er gegen die Tischkante oder den Fußboden stößt, dann schlägt er sie, als ob es lebende Wesen wären. Andererseits behandelt er sein Brüderchen oder ein anderes Kind wie einen Gegenstand.
Ohne jede böse Absicht kann Peter auf den neben ihm spielenden Andreas treten oder sich auch damit vergnügen, einem anderen Kind mit einem Klötzchen auf den Kopf zu hauen. Man muß ständig auf ihn aufpassen, damit er

in seinem Forschungsdrang, der für ein gesundes, gut entwickeltes Kind völlig normal ist, nicht einen Eimer mit Wasser über sich ausgießt, das Brüderchen verletzt, die Lampe vom Tisch zieht, von einem hohen Stuhl herunterfällt, einen Fingerhut verschluckt.
Aber dafür sind ja die Eltern da...

Zwei linke Händchen

Die eineinhalbjährige Eva und der 20 Monate alte Erik spielen im Sandkasten. Betrachten wir sie mal genau. Ein Kind in diesem Alter ändert sich von einen Tag auf den anderen. Vor unseren Augen findet jeden Tag, jede Stunde der interessanteste und schönste Umwandlungsprozeß statt. Der unpersönliche Säugling, der sich passiv allen Maßnahmen unterordnet, wird immer mehr zu einer Person, zu einem Menschen, der seinen eigenen Willen hat und auf den eigenen Beinen sich aufmacht, ein einmaliges Abenteuer -- das Leben -- zu bestehen.
Das zweite Lebensjahr ist ein Umbruch -- eine Metamorphose. Aus dem Säugling wird ein zweibeiniges Wesen -- ein kleiner Mensch. Ich träume davon, daß einer unserer Filmemacher sich auf eine Höhe von 70 bis 80 cm hinabneigt und das wunderbarste aller Objekte filmt -- den Menschen bei seiner Entstehung: »in statu nascendi«. In der Zwischenzeit sollten wir, die glücklichen Mamis, die wir diese wunderbaren Objekte in Reichweite unserer Hände haben, unseren 20 Monate alten Erik und unsere eineinhalbjährige Eva kennen und verstehen lernen.
Vor kurzem haben sie ihre 10 Kilogramm auf eine Höhe von ungefähr 80 cm emporgehoben. Schwankend halten sie ihren Rumpf auf den molligen, weitgespreizten Beinen. Es fällt ihnen noch schwer, abwechselnd das rechte Bein und die linke Hand zu bewegen. Anfangs stehen die Händchen noch wie kleine Flossen vom Körper ab und bewegen sich so komisch: rechte Hand -- rechtes Bein,

linke Hand – linkes Bein. Es vergeht noch ein Jahr, bevor sich der tolpatschige Erik mit den flinken, sicheren Schritten eines dreijährigen Tausendsassa fortbewegt. Manchmal, in schwierigen Situationen, in der Eile, ist es erlaubt, sich von Zeit zu Zeit auf allen vieren zu bewegen. Aber Vorsicht! Eva ist auf eine Kiste geklettert und schlenkert energisch mit den Beinen. Daneben gibt sich der dreijährige Christian der gleichen Beschäftigung hin: einmal schlägt er mit der einen Ferse an die Kiste, dann mit der anderen – immer abwechselnd – eins, zwei, eins, zwei. Aber Eva ist jünger, das kann sie noch nicht. Eva kann nur beide Beinchen gleichzeitig hochheben und kann sie gleichzeitig wieder senken.

Und die Händchen? Erik hat sich den Finger verletzt, so daß er blutet. Schnell läuft er zur Mami um Hilfe und – streckt beide Händchen aus, wobei er weinend gleichzeitig beide Zeigefinger zeigt, sowohl den blutenden als auch den heilen. Beide Händchen und beide Beinchen sind noch wie mit unsichtbaren Fäden verbunden. Nach allem langt man mit beiden Händen: nach dem Ball, nach dem Apfel, und dann legt man es einmal in die eine, dann in die andere Hand. Und wenn man auf die Tafel malt oder die Wände mit Kritzeleien bedeckt (ohne das geht es nun einmal nicht), so geschieht das auch oft mit beiden Händen gleichzeitig. Sogar die Finger sind irgendwie zusammengeklebt – ihre Tätigkeit ist noch nicht gut koordiniert – nur schwer lernen sie, das Löffelchen oder die Zahnbürste zu halten, kleine Erbsen in eine Flasche zu stecken. Aber gerade weil es schwer ist, muß man es ständig üben; hineinlegen und herausnehmen, auffädeln und wieder auseinandernehmen, bauen und umwerfen, unzählige Male die gleiche Bewegung wiederholen – bis sie schließlich gelingt. Mama und Vati müssen natürlich seine Anstrengungen sehen, müssen diese schöne Pyramide, den mit Kastanien gefüllten Eimer loben – das ist ermutigend, ohne Lob ist es langweilig und man verliert leicht den Mut zu weiterer Arbeit.

Der zweijährige Oliver kennt nun schon jeden Winkel

im Haus – jetzt zieht es ihn weiter hinaus in die Welt – der Kiosk an der Ecke, die Leute auf der Straße, die vorbeifahrenden Autos und Straßenbahnen, die verschiedenen Geräusche, der Hund an der Leine und die Katze auf dem Zaun. Alles muß man sich genau ansehen, sowohl was unbeweglich als auch alles, was sich schnell bewegt. Man muß lernen, was ungefährlich ist und welchen Dingen man weit aus dem Weg gehen muß. Es ist schwierig, sich in alledem zurechtzufinden. Mit Oliver Einkäufe zu machen, ist praktisch unmöglich. Er hat nämlich überhaupt kein Verständnis für solche Dinge, sein fehlendes Zeitgefühl schließt Eile völlig aus. Er weiß nicht, weshalb Mama schimpft, er solle schneller, noch schneller gehen, weil sie gleich zur Arbeit müsse.
Mama bringt es zur Verzweiflung, daß Oliver an keiner Treppe ruhig vorbeigehen kann. Eine Treppe ist für ihn, was der Mount-Everest für einen Bergsteiger ist. Oliver kann dem inneren Drang, da hinaufzusteigen, nicht widerstehen (jeder Bergsteiger wird das verstehen). Einige Stufen weiter hinauf, welch neue Horizonte! Das zweijährige Kind ist ein Forschungsreisender, ein Gelehrter und ein Alpinist – das muß man richtig beurteilen und sein inneres Bedürfnis, sich und die Menschen kennenzulernen, muß man respektieren. Es ist nämlich die Grundlage für das, was wir beim Erwachsenen später Realitätssinn nennen werden. Unsere Sache, die Sache der Erwachsenen ist es natürlich, darauf zu achten, daß der Realitätssinn der kleinen Tolpatsche nicht zu fühlbar wird. Man muß dafür sorgen, daß der Fußboden nicht zu hart ist. Olivers Stuhl darf nicht zu hoch sein und darf nicht wackeln. Aus den unteren Regalen muß man Bücher und kleine Nippsachen entfernen. Dort muß man Olivers Spielsachen unterbringen, die Klötzchen und den Ball, die er in diesem Alter so nötig braucht. Alle Steckkontakte muß man mit Schutzkappen versehen, und in der Reichweite seiner unruhigen Hände sollte es keine Nadeln, Messer oder Zündhölzer geben. Ein Topf mit heißem Wasser muß unerreichbar

sein, ein heißes Bügeleisen ebenfalls. Fenster, Balkon und Treppengeländer müssen entsprechend gesichert sein.
Wenn man hinter sich die Tür zumacht, dann tut man gut daran, sich zu überzeugen, ob Oliver nicht gerade in diesem Augenblick ein Experiment macht, indem er seine Finger zwischen die Tür steckt. Das gilt auch, wenn man eine Schublade schließt oder einen Stuhl zurückschiebt. Zweijährige sind ungeheuer neugierig und unerschrocken – und man weiß nie, wo sie stecken.
Hemmen Sie nicht den Tatendrang des kleinen Kindes, indem Sie ihm ständig Angst machen: Du wirst hinfallen, du wirst dich einklemmen, du kannst das nicht. Nehmen Sie ihm nicht den Mut. Wenn man einem Kind so die Initiative nimmt, kann es für das ganze Leben auf der Stufe der zwei linken Hände stehen bleiben.

Ein Meister der Pantomime – die richtige »Beeinflussung«

»Nun zeig mal, Jörg, wieviel Sorgen du hast?« – fragt die Mama ihren 18 Monate alten Sohn. Jörg ist sich der großen Rolle bewußt, die er spielt: Unter Anstrengung legt er seine glatte Stirn in Falten, legt die Hand an die Schläfe und bewegt den Kopf ernsthaft von einer Seite zur anderen: »Oh, solche großen Sorgen hat mein Sohn.« Mama hebt Jörg hoch über ihren Kopf, drückt ihn an sich und beide, Mutter und Sohn, brechen in ein lautes, glückliches Lachen aus.
Diese »Sorgen« sind aber nur ein Teil von Jörgs Repertoir. Er konnte schon am Ende des ersten Lebensjahres »Kukkuck – such mich« spielen, jetzt hält er die Händchen hoch über den Kopf und zeigt, wie groß er ist: »sooo groß«, und »wie Opa hustet« und »wie Vati zornig wird«. Das Sprechen macht noch Schwierigkeiten, zwei bis drei Wörter, aber die Gesten und die Mimik werden von Tag zu Tag reichhaltiger, sie sind eine Quelle ständiger Freude für den kleinen Künstler und seine nächsten Angehörigen.

Denn das zweite Lebensjahr bereitet nicht nur Kummer wegen der Suppe, die von den ungeschickten Fingern verschüttet wurde, oder wegen der unabsichtlich zerbrochenen Figur, einem wertvollen Familienandenken. Das sind wirklich nur Kleinigkeiten im Vergleich zu den Freuden, die jeder Tag den Eltern bringt, mit neuen Errungenschaften, neuen Fähigkeiten und einem neuen Mienenspiel von Jörg. Und o Wunder, Jörg wird mit jedem Tag denen ähnlicher, die ständig mit ihm zusammen sind – Vater und Mutter. Unbemerkt von seiner Umgebung nimmt er von der Mutter die nur ihr eigene Art des Lächelns an, das leichte Schmollen um den Mund, das charakteristische Brauenrunzeln und den hellen Ton des Lachens, vom Vater die Art, den Kopf zu halten und den typischen Blick, die nur ihm eigenen Handgesten.
Wie der Vater, sagen die einen, wie die Mutter, sagen die anderen, und vermutlich haben beide recht.
Diese Ähnlichkeit in den Gesten und der Mimik, im Gesichtsausdruck und der Art des Sprechens ergibt sich nicht aus Eigenschaften, die in den Familien durch biologische Vererbung weitergegeben werden, sondern wird von dem Kind auf dem Wege der Nachahmung und Anpassung an die erwachsenen Personen seiner Umgebung erworben.
Ich hatte oft Gelegenheit, den Prozeß der Anpassung bei adoptierten Kindern zu beobachten. Das nichtleibliche, aber mit Liebe erzogene Kind ähnelt tatsächlich sehr seinen angenommenen Eltern, besonders wenn die Adoption ziemlich frühzeitig stattgefunden hat, vor dem Ende des ersten Lebensjahres, wenn in dem kleinen Kind der große Imitationskünstler erwacht.
Wenn wir ein Kind erwarten, bemühen wir uns oft bewußt oder unbewußt, alles Häßliche zu vermeiden. Wir suchen das Schöne – wir bemühen uns, eine schöne Landschaft in uns aufzunehmen, hören Musik, sehen das Motiv, das ein Maler auf seiner Leinwand festgehalten hat, in der stillen Hoffnung, daß das Schöne mit dem Strom

unseres Blutes in die Gestalt unseres Kindes eingeht, das wir unter dem Herzen tragen. Wir haben keinen Beweis dafür, daß diese Bemühungen – außer einer beruhigenden Wirkung auf die Psyche der Mutter – irgendeinen Einfluß auf das Aussehen und die Begabung des Kindes hätten. Die Zeit für eine solche »Beeinflussung« ist vielmehr das zweite Lebensjahr des Kindes, wenn der kleine Jörg eifrig den Gesichtsausdruck des Vaters studiert und jede Bewegung der ihm nahestehenden Personen, um sie sich anzueignen. Er kopiert nicht nur die Miene und die Bewegungen der Erwachsenen, sondern auch die Bewegungen der Haustiere, er schlägt mit den Armen wie eine Henne mit den Flügeln, er wirft sich von einer Seite auf die andere, um so die Bewegung eines Uhrpendels nachzuahmen, er stampft mit den Füßen und schnaubt laut wie ein Eisenbahnzug, er imitiert das Ticken einer Uhr. Wenn er sieht, wie ein Kind auf den Stuhl klettert, macht er es sofort nach. Wenn Mama ernsthaft den Kopf schüttelt und sagt »nein«, dann schüttelt er auch, gleichsam automatisch, den Kopf, und prägt sich so diese negative Geste ein.

Wie viele Rollen muß Jörg im Laufe eines einzigen Tages spielen – kein Schauspieler kommt ihm darin gleich. Diese Anstrengung erfordert Anerkennung und Lob.

Junge Eltern müssen oft auf die Abwechslung des gesellschaftlichen Lebens, häufigere Besuche bei Bekannten, Theater- und Kinobesuche verzichten, weil sie ihr Kind nicht allein lassen können. Alle diese Unterhaltungen muß ihnen zunächst die naive Pantomime ihres Kindes ersetzen, sein fröhliches Lachen und das Staunen der Bekannten: »Er gleicht dir aber immer mehr ...«

Lieber ist uns ein selbständiges Kind

Am Ufer eines zugefrorenen Fischteichs sitzt ein achtjähriger rotbackiger Junge, neben ihm eine gekrümmte alte Frau. Das ist die Oma und ihr Lieblingsenkel Seppi. Seppi hat sein Beinchen ausgestreckt, und die Oma zieht ihm unter Anstrengung, schwer atmend, die Stiefel mit den daran befestigten neuen Schlittschuhen an. So ein großer Junge kann schon Schlittschuh laufen, aber noch nicht selbst die Stiefel anziehen? Die Oma hat ihren Enkel schlecht erzogen. Sie hatte ja die beste Absicht, aber das Ergebnis ist schlecht.

Eine solche Erziehung gereicht dem Kind zum Nachteil. Zusammen mit ihm wachsen seine Schlappheit und Faulheit.

Sie sagen, daß Seppi keine Ausnahme ist, bei Schmidts wäre es noch schlimmer. Frau Schmidt hat drei Männer zu Hause – ihren Mann und zwei Söhne im Alter von 10 und 12 Jahren, aber die ganze schwere Arbeit macht sie allein. Der Mann und die Jungen sind so an Bedienung gewöhnt, daß die Mutter selbst das Schuheputzen übernommen hat. Und Sonja: mit der Nase im Kriminalroman wartet sie bei Tisch, bis ihr die Mutter das Essen reicht, die Mutter, die mehr als alle Ruhe und Bedienung nötig hätte.

Aber Sonja versteht das nicht. Mama im Haushalt helfen, etwas annähen, etwas bügeln? Das kann sie nicht, das will sie auch nicht. Sie scheut jede Hausarbeit wie das Feuer. Sie wurde erzogen als passive Konsumentin aller materiellen Güter einschließlich Bedienung.

Aber gehen wir doch zurück in die frühe Kindheit und bemühen wir uns festzustellen, was aus der selbständigen Sonja, die alles allein machen wollte, eine faule Sonja gemacht hat.

Irgendwann im zweiten Lebensjahr beginnt sich im Kind zusammen mit der Entwicklung der einzelnen motorischen Fähigkeiten das Bedürfnis nach selbständigem Handeln zu regen. Das ist ein ungewöhnlich starker Trieb und seine Befriedigung verschafft dem Kind ungeheuer viel Freude. Das Kind hat zum Beispiel gehen gelernt, nun will es mit aller Macht aus dem Ställchen heraus, und ungehindert in der Wohnung herumlaufen. Sperren Sie es nicht ein. Das Kind hat gelernt, die Türklinke zu bedienen und die Tür zu öffnen – nun übt es diese neue Fähigkeit viele Male. Öffnen Sie nicht die Tür an seiner Stelle – Sie würden ihm eine große Enttäuschung bereiten. Das Kind hat im Alter von zweieinhalb Jahren gelernt, allein die Treppe hinauf- und herunterzugehen (das zweite ist bedeutend schwerer) ohne sich am Geländer festzuhalten – darauf ist es ungeheuer stolz, aber die ganze Freude war umsonst, denn Mama sagt, es solle sich am Geländer festhalten, wozu also hat es sich angestrengt? Oder das Essen – für den zweijährigen Oliver ist das Essen vor allem ein Spiel, eine Gelegenheit, um sich ins richtige Licht zu setzen. Er kann und will selbständig essen. Er kann die Tasse richtig in der Hand halten und kommt auch mit dem Löffelchen zurecht, und das übrige erledigt er mit den Händen. In diesem Alter läßt die Etikette solche Manieren zu. Aber das selbständige Essen dauert länger – es wird viel Brei verschüttet, der Fußboden kann schmutzig werden, ganz zu schweigen von Olivers Mund und Händen.

Das zweijährige Kind bekleckert sich gern, lassen Sie ihm dieses Vergnügen, selbst wenn Brei dabei verschüttet wird und die Mahlzeiten etwas länger dauern. Verstärken Sie in ihm sein Bedürfnis nach Selbständigkeit, sein Vertrauen in die eigene Kraft.

Mama ist sich nicht immer klar darüber. Bequemer und schneller geht es, wenn man Oliver ganz einfach füttert, und so verwandelt er sich in ein passives Wesen, das nichts allein tun kann.

Ähnlich steht es mit dem Anziehen. Ein zwei- bis dreijähriges Kind muß sich schon teilweise selbständig an- und ausziehen können. Einige große glatte Knöpfe am Mantel

erleichtern es ihm, die schwierige Kunst des Auf- und Zuknöpfens zu beherrschen.
Oliver will selbst essen, will selbst die Zahnbürste in der Hand halten, will sich selbst an- und ausziehen. Ich weiß, daß das Umstände macht, aber es gibt keinen anderen Weg zur Selbständigkeit – jeder Anfang ist schwer. Wenn dann Sonja und Oliver größer und geschickter werden, dann beginnt das Verlangen, die Erwachsenen und ihre häuslichen Tätigkeiten nachzuahmen. Die Wohnung aufzuräumen, zu fegen, zu waschen, das Geschirr zu spülen – das ist für ein drei- bis vierjähriges Kind eine Ehre, um die es sich reißt. Das Aufräumen geschieht nicht in idealer Weise, bei Gelegenheit kann eine Tasse zerbrechen, aber zu den jungen Helfern muß man Vertrauen haben. Auf diese Weise festigt sich ihr Vertrauen in die eigene Kraft, und die Liebe zur Arbeit wird für sie zu einer natürlichen Sache.
Jedes Kind ist von Natur aus selbständig, es brennt darauf, sich zu beschäftigen und seine Kräfte zu erproben. Dieses Streben äußert sich in verschiedener Form, je nach Alter des Kindes und der Reife seiner Fähigkeiten. Die Wohnung und die Familie sind das Übungsfeld, auf dem das Kind seine Kräfte erproben will und muß – die Erwachsenen müssen ihm dabei helfen, es bei Mißerfolgen trösten, es zur Ausdauer ermutigen, und was das Wichtigste ist: Sie müssen daran denken, daß sie das Vorbild sind, welches das Kind nachahmt. Uns liegt nichts an trägen Jungen und faulen Mädchen. Uns ist das aktive, selbständige Kind lieber.

Er ist so gern schmutzig

»Oliver, wie siehst du aus?« – ruft die Mama entsetzt, als sie das verschmierte Gesicht des kleinen Jungen sieht, den sie unvorsichtigerweise mit einem Teller Schokoladenpudding allein gelassen hat.

Oliver konnte einfach der Versuchung nicht widerstehen, beide Hände in die dicke, wabbelige Masse zu versenken und sich eigenhändig zu überzeugen, wie sich die süße, schmackhafte Speise anfühlt und wodurch sie sich zum Beispiel von Grütze mit Himbeersaft unterscheidet oder von einem in Milch getauchten Zwieback. Diese beiden Speisen hat er bei einer anderen Gelegenheit schon durchgeknetet und eingehend untersucht. Damals hat er sich genauso vollgekleckert. Nun sagt die erzürnte Mama »Ferkel« zu ihm und zieht ihn ins Bad, um ihn zu waschen.
Tatsächlich lieben es alle zweijährigen Kinder ungeheuer, zu sudeln, zu »kleckern«. Ihre Hände und Augen scheinen ständig auf der Suche nach etwas, womit man kleben, reiben, kneten, schmieren, gießen oder schütten könnte.
Dieses Sudeln ist nicht sinnlos und kommt nicht daher, daß die kleinen ungeschickten Hände noch nichts halten können. Oliver und Sonja können nur auf diese und auf keine andere Weise die Eigenschaften der Materie erkennen und verstehen:
Eine nach der anderen, von der Welt der Erwachsenen nicht bemerkt, werden die bedeutenden Entdeckungen gemacht.
Wasser... glitzerndes Wasser. Man muß nur am Hahn drehen und es läuft in silbrigem Strom, jetzt ist es da, jetzt ist es weg. Es streichelt in einem funkelnden, kalten Strahl die Finger und läuft weg, spritzt, schimmert und gleitet unhaltbar weg. Dann... das erste Zusammentreffen mit dem Sandkasten – Sand, das ist was Großartiges. Wie Wasser gleitet er durch die Hände, »fließt« durch die Finger, und doch etwas anders. Man kann ihn fassen, man kann kleine und größere Häufchen daraus machen. Und eine weitere Entdeckung – Sand und ein bißchen Speichel, das ist wieder etwas anderes, man kann es zusammenpressen, formen. Von da ist es nur ein Schritt zu einer weiteren Entdeckung. Sand mit Wasser kann man mischen, kneten, formen – der Beginn einer großen, während der ganzen Kindheit andauernden Faszination. Sand

und Wasser... Es ist eine durchaus internationale Kunst, die an allen Sandstränden aller Meere und Flüsse unentwegt praktiziert wird, die Baukunst der unermüdlichen Kinder. Angefangen von primitiven Kuchen, Gräben und Dämmen bis zu prächtigen Bauwerken, Labyrinthen und komplizierten unterirdischen Grotten, Kanälen und Höhlen.

Mama, wasche Oliver das verschmierte Mündchen und die Hände, aber sei nicht böse auf ihn, bemühe dich zu verstehen, daß er selbst, mit den eigenen Händen feststellen muß, was krümelig und was klebrig ist, was dehnbar, flüssig, elastisch, schlammig und knetbar ist. Er sammelt seine Erfahrung bei den Gegenständen, die er vorfindet: Sand und Wasser, Tee, Zucker, Butter und Brot, Zwieback. Kekse kann man brechen, aber wenn man sie in Milch taucht, sind sie nicht mehr wiederzuerkennen. Wie soll man die neugierigen Jungen davon abhalten, nicht nach dem milchtriefenden Brötchen zu greifen, das man kaum wiedererkennt, es nicht kräftig zusammenzudrücken und mit Vergnügen zu beobachten, wie die Milch langsam herunterfließt? Interessant und angenehm. Der zweijährige Oliver ist ganz vernarrt in dieses Spiel.

Natürlich bin ich keine Anhängerin der Ansicht, daß eine Mahlzeit jedesmal zu einer Versuchsreihe in Experimentalphysik werden sollte. Ich möchte nur, daß wir mehr Verständnis aufbringen für unsere kleinen Schmutzfinken, denen es angeboren ist, sich vollzukleckern, weil sie durch diese Periode hindurchmüssen, um die sie umgebende Welt zu erkennen.

Wenn wir das Kind geduldig an Sauberkeit und gute Manieren bei Tisch gewöhnen wollen, dann müssen wir auch mit seinem Bedürfnis rechnen und ihm im Laufe des Tages genügend Gelegenheit geben, um sich schmutzig zu machen, so viel es will.

Dieses »Vollkleckern« bereichert und erhellt die Welt der seelischen Erlebnisse eines Kleinkindes, und aus dieser Periode wächst es mit Sicherheit heraus.

Am Rande möchte ich noch bemerken, daß das Bedürfnis nach »Sudeln« gegenwärtig als so wesentlich für die richtige Entwicklung des Kleinkindes angesehen wird, daß in einigen Instituten dieses Sudeln unter der Bezeichnung »finger painting« als Heilmethode angewandt wird. Die besten Ergebnisse erzielt man mit dieser Methode bei nervösen Kindern, die besonders streng zu einer pedantischen Befolgung aller Prinzipien der Sauberkeit erzogen wurden. Wie oft machen wir uns Gedanken, ob unsere Kinder auch lernen, sauber zu sein und auf ihr Äußeres zu achten. Wie oft verurteilen wir den zweijährigen Oliver dazu, den ganzen Tag im weißen Sonntagsanzug herumzulaufen, aus falsch verstandener Rücksicht auf die Hygiene und das äußere Aussehen des Kindes. Der Anzug ist das Wichtigste, daß bloß um Gottes willen keine Flecken draufkommen. Die kleine Sonja geht im gestärkten Rock im Park spazieren. Bringen wir also unseren Kindern Ordnung und Sauberkeit bei, aber denken wir daran – auch dafür muß man das richtige Alter haben. Wir können ja beobachten, wie unsere Kinder eines Tages auf Sauberkeit und ordentliches Aussehen Wert legen; wie sie anfangen, sich ständig im Spiegel zu betrachten und sich kritisch fragen: »Wie bin ich eigentlich, wie sehe ich aus, wie sieht man mich?« Sie werden mit der gleichen unermüdlichen Wißbegier darüber nachdenken, mit der die kleinen Schmierfinken die Eigenschaften der Materie untersuchten, indem sie alles berührten und kneteten, was ihnen in die Finger kam.

VIII NIMM DIR ZEIT, WENN DEIN KIND NACH DIR RUFT

Komm, Sonja, ich nehme dich auf den Schoß

Die kleine Sonja ist über die Türschwelle gestolpert, hingefallen und nun weint sie. Es ist nicht schlimm und der Schmerz ist nicht groß, aber man muß das Kind natürlich trösten. Mama weiß das: »Komm, Sonja, ich nehme dich auf den Schoß«, sagt sie. Sonja läuft zur Mama und streckt die Arme nach ihr aus, Mama unterbricht für eine Weile ihre Arbeit, beugt sich zu dem Kind, nimmt es auf den Schoß, küßt das verletzte Fingerchen und schon ist alles wieder gut. Es tut nicht mehr weh, man kann weiterspielen. Die allmächtige Mama ist in der Nähe. Es ist nicht leicht, unsere kleine Sonja zu verstehen. Sie ist so selbständig, alles macht sie allein, und gleichzeitig sieht sie sich ständig nach der Mama um, wie niemals zuvor, alle Augenblicke hat sie ein Anliegen an sie, das keinerlei Aufschub duldet. Wenn sie unter Fremden sind, geht sie keinen Schritt von der Mama weg. Mama macht sich manchmal Sorgen: »Ich weiß nicht, was geschehen ist. Sonja bringt mich zur Verzweiflung. Jedesmal, wenn ich aus dem Hause gehe, gibt es eine Tragödie.« Vielleicht hat die kleine Sonja eine schlechte Angewohnheit angenommen? Nichts dergleichen – das krampfhafte Festhalten am Rock und das ständige Bedürfnis, die Mutter in der Nähe zu haben, ist zwar unangenehm, aber es ist völlig normal für jedes Kind, das auf der schwierigen Leiter des zweiten Lebensjahres emporsteigt.

Wie kommt es, daß zwei entgegengesetzte Tendenzen sich gleichzeitig in einem zweijährigen Kind zeigen? Einerseits ist Sonja erpicht auf Selbständigkeit, will alles allein machen und wirft mit ihrem kompromißlosen, »nein« nur so um sich, andererseits klammert sie sich an den Rock der Mutter und verzweifelt jedesmal, wenn die Mutter weggeht – sie ist tief unglücklich in jeder Umgebung, die nicht ihr Zuhause ist, wo nicht ihre Mama und ihr Vati sich aufhalten. Das ist nun einmal so.

Wenn ein Säugling die Zärtlichkeit der Mutter entgegennimmt und ihre Gegenwart spürt, dann ist er sich nicht klar darüber, daß die Mutter eine andere Person ist, er fühlt sich als Teil dieses guten, warmen, freigebigen Wesens, das für ihn sorgt, ihn füttert und sich mit ihm beschäftigt.

Ein Kind von 16 bis 18 Monaten erwirbt nicht zunehmender Selbständigkeit allmählich auch ein immer größeres Bewußtsein seines Andersseins. Es hat aufgehört, ein Teil der Mama zu sein und wird zu einer Person, die sehr starke Gefühle empfinden kann – Gefühle der Liebe und Anhänglichkeit an Personen, die es gut kennt, Gefühle des Mißtrauens gegenüber Fremden, Gefühle der Angst und Verzweiflung, wenn es allein ist, sich verlassen fühlt von denen, die es liebt.

Die Welt der kleinen Sonja hat sich ausgedehnt von den Grenzen des Bettchens und Ställchens bis an die Grenzen des Zimmers, der Wohnung und der Treppe.

Auf Schritt und Tritt machen unsere Kinder unerwartete Entdeckungen, treffen sie auf unbekannte Dinge – unbekannte Dinge können aber Angst hervorrufen, welche das Selbstvertrauen schmälert, jede Bewegung lähmt. Dafür sind nun Mama und Vati da. Ihre unerschütterliche Liebe, ihr ständig vorhandener Schutz geben dem Kind das Gefühl der Sicherheit. Damit wird die richtige Entwicklung des Kindes garantiert, seine immer kühneren Unternehmungen, seine Geschicklichkeit im Leben und sein Vertrauen zu sich selbst.

In den kleinen Herzen unserer Zweijährigen sind das Bedürfnis nach einer vertrauensvollen, unerschütterlichen Zuneigung und das Bedürfnis nach einer immer kühneren

Erprobung der eigenen Kräfte eng miteinander verflochten. Und was mehr ist: das eine kann nicht ohne das andere sein.

Wenn man sie an der Hand hält, lernen sie, mutig zu sein

Wir wissen schon, daß das zweite Lebensjahr eine besonders schwierige Zeit im Leben des Kindes ist. Sonja fängt an zu gehen, zu sprechen, sie bewegt sich immer selbständiger, täglich beherrscht sie neue Fertigkeiten, erweitert sie ihr Weltbild durch neue, noch unbekannte Bilder, Gegenstände, Erlebnisse. Wenn einer von uns Erwachsenen so geschäftig sein wollte wie Sonja oder Peter, dann wäre er nach einer Stunde völlig erschöpft, dabei ist die äußerlich sichtbare Beweglichkeit von Peter nur ein Teil der ungeheuren Anstrengung, die sich in dieser Zeit in der Person des kleinen Menschen abspielt, in seinem Verstand, der zu menschlichem Denken, Sprechen und Fühlen heranreift. Auf Schritt und Tritt muß er neue Probleme lösen, Schwierigkeiten überwinden. Wieviel Ausdauer, wieviel Mut braucht er, um mit allem fertig zu werden?
Die Quelle dieses Mutes ist für das kleine Kind die Liebe seiner Eltern zu ihm. Wenn Mama in der Nähe ist, dann ist alles halb so schlimm, wenn Vati es an der Hand hält, dann überwindet es alle Schwierigkeiten. Geben Sie doch mal acht, wie Sonja spielt, wie sie sich bei ihren Wanderungen in der Wohnung immer wieder an die Knie der Mutter schmiegt, die Hände nach ihr ausstreckt, lächelt, wie sie sich nach Lob, Bewunderung, Bestätigung sehnt. Die Umarmung der Mutter, der liebevolle Blick des Vaters geben neuen Mut. Nun kann man sich in die entfernteste Ecke wagen, das geheimnisvolle Dunkel untersuchen, das den Raum unter Vatis Schreibtisch erfüllt. Dieser kleine Raum kann schon bald zum »Schauplatz großer Ereignisse« werden – zu einem Häuschen oder einem Zimmer für

Sonjas Puppen und ihren Teddybären, oder zu einer Höhle, in der der tapfere Kämpfer Peter Schutz sucht, zu einem Versteck und zu weiß Gott noch was. Zunächst ist es noch ein weißer Fleck auf Sonjas Landkarte, ein weißer Fleck, der zum erstenmal entdeckt worden ist.

Darüber hinaus ist die kleine Sonja ein ungeheuer impulsives Wesen, sie lebt nur dem Augenblick, reagiert sofort auf jeden Reiz, hat kein Zeitgefühl, weiß nicht, was »morgen« bedeutet, hat nur Verständnis für naheliegende Ziele. Ein Ziel ist zum Beispiel das Treppenhinauf- und Treppenhinuntersteigen, nicht um irgendwohin zu gehen – sondern als Zweck an sich.

Sonja versteht schon viel von dem, was man zu ihr sagt, aber selbst kann sie noch nicht viel sprechen.

Für zu Hause genügt ihr das – die häuslichen Verhältnisse sind für sie völlig klar, auch ohne Worte. Durch ihre Empfindsamkeit spürt sie die Gereiztheit des Vaters schon an der Art, wie er ins Zimmer kommt, an der ungeduldigen Bewegung, mit der er nach einer Zigarette greift. So spürt sie auch ohne Worte ganz genau, wer sie wirklich liebt, und wer nur so tut, indem er oft die innere Leere mit einem Wortschwall überdeckt.

Ja, ein zweijähriges Kind ist das empfindlichste Barometer für die Gefühlsatmosphäre in der Familie, mit Worten kann man da nichts ausrichten, es reagiert auf das, was wir wirklich sind, nicht auf das, was wir sagen.

Ich bin zutiefst davon überzeugt, daß Mut und Vertrauen in die eigene Kraft in dem Gefühl der Sicherheit wurzeln, welche die Atmosphäre einer harmonischen, guten Familie dem Kind gibt.

Ich betone das so sehr, weil es so ungeheuer wichtig ist, weil wir oft Fälle haben, bei denen man das Problem völlig falsch anpackt.

Die Eltern oder Erzieher bemühen sich oft, die Ängstlichkeit eines zweijährigen Kindes zu brechen und seine Selbständigkeit zu üben, indem sie es viele Stunden lang allein im Zimmer lassen, nicht auf sein Weinen reagieren, auf seine Rufe um Hilfe und nach Gesellschaft. Diese Abhärtung mit Gewalt führt niemals zu guten Ergebnissen. In einer Umgebung, die das Kind gut kennt, an die es gewöhnt ist und der es vertraut, wächst es allmählich zur Selbständigkeit heran, wird immer mutiger im Umgang mit Erwachsenen und Kindern, erweitert immer mehr den Kreis seiner Interessen. Wenn das Kind anfängt, sich im Ställchen zu langweilen, dann machen Sie ihm die Seitenwände auf, damit es in der ganzen Wohnung herumgehen kann; es schadet nichts, wenn es dabei kleine Pannen gibt, es lernt dadurch selbständig zu werden.

Gewöhnen Sie es allmählich an fremde Menschen – instruieren Sie zuerst nette Bekannte, damit sie sich nicht zu wortreich und zu laut auf das Kind stürzen. In diesem Alter erschreckt das Kind alles, was ihm unerwartet und lautstark begegnet. Wenn das Kind anfängt zu gehen, muß man ihm die Möglichkeit geben, allmählich Bekanntschaften zu schließen unter Bedingungen, die keine Furcht hervorrufen, zum Beispiel beim Einkäufe machen, beim Spazierengehen usw.

Wichtig ist auch, daß sich ein Kind in diesem Alter allmählich an den Anblick und die Anwesenheit anderer Kinder gewöhnt. Zu diesem Zweck genügt es, wenn die Mama mit ihm täglich ein bis zwei Stunden auf dem Spielplatz oder im Park verbringt. Kurz vor der Vollendung des zweiten Lebensjahres fühlt das Kind noch kein Bedürfnis nach der Gesellschaft anderer Kinder und kann nicht mit ihnen zusammen spielen (es behandelt die anderen Kinder mehr als tote Gegenstände, nicht als lebende Personen). In diesem Alter lernt es jedoch, dem Spiel der Kinder zuzusehen, und während es sich neben anderen Kindern vergnügt, bereitet es sich darauf vor, im Alter von drei Jahren richtig am gemeinsamen Spiel teilnehmen zu können.

Jörg ist noch kein guter Spielkamerad

»Unausstehlich«, »unruhig, ohne Sitzfleisch« – sagen wir vorwurfsvoll, wenn wir müde sind; »der drollige Kleine« »flink wie ein Wiesel« – denken wir manchmal voll Rührung, wenn wir mit Begeisterung seine unermüdliche Geschäftigkeit beobachten, seine immer geschickteren Bewegungen, seine immer kühneren Ausflüge in die weite Welt. Daß er unruhig ist – das ist wahr.

Jörg geht mit Mama zum Spielplatz. Anfangs ist er etwas schüchtern wegen der neuen Umgebung, zögert, hält sich an der Hand der Mutter fest.

»Jörg, sag der Dame guten Tag.« Nichts dergleichen, diesmal muß ein verlegenes Lächeln genügen. Höflichkeitsformeln sind eine Sache der nahen Zukunft, jetzt noch nicht.

Jörg sieht sich neugierig um – Klettertürme, Sandkästen, Schaukeln, ein Puppenhaus!

Kinder. Kinder interessieren ihn vorläufig wenig, sie sind für ihn höchstens ein Teil der Landschaft, wie das Spielzeug, die Geräte usw. So lange der kleine Mensch noch nicht damit fertig geworden ist, daß er wer ist, daß er sein eigenes »Ich« hat, so lange haben Begriffe wie »Du« und »Er« in seinen Gedanken natürlich noch keinen Platz. Den Teddybär drückt er ebenso gefühlvoll an sich wie die kleine Sonja, mit der gleichen Rücksichtslosigkeit tritt er auf eine Puppe, auf Bauklötze oder auf den kleinen Nachbarn... Wenn etwas nicht nach seinem Sinn ist, beißt er mit der gleichen Wut in ein Plastikbällchen wie in die Hand seines Brüderchens.

Geduld – die Anpassung an die Gesellschaft kommt allmählich... In den ersten Lebensjahren kann das Kind nur wenige Personen assimilieren – nur die, die unmittelbar für es sorgen: Mama und Vati. Dann erweitert sich allmählich der Kreis und umfaßt die Geschwister, ganz allmählich auch andere Leute, die es kennt, anerkennt und liebt. Dem Kind Kontakte mit einer größeren Anzahl von

Kindern oder Erwachsenen aufzwingen zu wollen, geht am Ziel vorbei und erschwert manchmal sogar das, was wir Vergesellschaftung nennen. Denn alles hat seine Zeit ... jede Fähigkeit muß langsam heranreifen, in Übereinstimmung mit den Naturgesetzen, die man immer in Betracht ziehen muß. Die Mathematik beginnen wir doch auch nicht mit Aufgaben mit drei Unbekannten, nicht wahr?
Man darf einem Kleinkind nicht vorzeitig gesellschaftliche Kontakte aufdrängen, man darf es nicht dafür tadeln, daß es noch nicht mit anderen Kindern spielt. Wenn das Heim dem Kind ein genügend großes Sicherheitsgefühl verleiht, dann wird es allmählich so mutig werden, daß es nach einigen Besuchen auf dem Spielplatz seine Schüchternheit überwindet und anfängt, immer näher bei anderen Kindern zu spielen, schließlich mit ihnen. Allmählich bekommt es Geschmack an der Sache und will es ihnen nachmachen. Auf irgendeinem Spaziergang faßt der schüchterne Jörg Mut, schaut sich zwar noch ständig nach der Mama um, aber nähert sich doch schon einer Gruppe von Kindern, die Soldat spielen. Der vierjährige Uwe ist Trommler, er geht voraus und schlägt mit den Schäufelchen kräftig auf den Boden des Eimerchens – und Jörg bemüht sich, es ihm gleichzutun. Er marschiert und trommelt, seine Augen leuchten, er marschiert nebenher, er reiht sich noch nicht in die Schar ein wie Uwe, Olga und andere ältere Kinder, er marschiert nebenher, und das ist richtig so! Und noch eins, Jörg marschiert nicht so weit wie Uwe, denn er muß natürlich von weitem noch sehen können, ob die Mama jederzeit erreichbar ist, und er möchte, daß sie ihn bewundert.
Deshalb dauert die konzentrierte Tätigkeit eines Zweijährigen gewöhnlich nicht länger als 5–7 Minuten und muß mit einem unwiderruflichen rituellen »Mama, schau!« beendet werden. Und wenn die Mama nicht da ist – »Oma, Tante, schau«! Ohne dieses Zusehen, dieses wohlwollende Urteil einer erwachsenen Person zählt keine Errungenschaft, erlischt der Funke, verschwindet das Lächeln.

In einem Augenblick kann sich der ungezähmte Wildfang und unermüdliche Entdecker in ein ungeschicktes, verzweifeltes und trauriges Kind verwandeln, das, zur Bewegungslosigkeit erstarrt, untätig herumsitzt oder -steht und gedankenlos vor sich hinschaut. Bitte machen Sie sich keine Sorgen, daß der zweijährige Jörg oder Sonja noch nicht so kontaktfreudig sind. Das Spielen auf dem Spielplatz tut ihnen gut, wenn sie auch zunächst noch für sich allein bleiben – nach und nach erwerben sie größeres Unterscheidungsvermögen, werden allmählich selbstbewußt und es erwacht das Bedürfnis des Zusammenspielens, des Kontaktes mit anderen Kindern. In unserer Macht steht es, das Kind gut, stark und mutig zu machen, ihm viel, viel Liebe zu geben, damit es dann, wenn es größer wird, auch Liebe wecken und geben kann.

Liebt Eva ihre Mama?

Frau Barbara, die glückliche Mama der anderthalbjährigen Eva, ist heute tief bekümmert. Sie wird von Zweifeln geplagt: Hat Eva einen guten Charakter, liebt sie ihre Mama?
Welche Tatsachen haben diesen quälenden Zweifel in das Herz der Mutter gesenkt?
Das kam so: Der Vater der kleinen Eva hatte noch zwei Wochen Urlaub. Es wurde beschlossen, daß der Vater diese zwei Wochen zu Hause verbringt und für Eva sorgt und daß Mama einmal richtig Urlaub macht, und zwar in den Bergen.
Die zwei Wochen gingen herum und Frau Barbara, ausgeruht und voller Sehnsucht, kehrte nach Hause zurück. Zu Hause ist alles in Ordnung, der Vater und die Tochter verstehen sich ausgezeichnet, aber – Eva erkennt die Mama nicht mehr, angstvoll betrachtet sie sie als eine völlig fremde Person und schmiegt sich an die Knie des Vaters. Sie wendet das Köpfchen ab, nach einer Weile bricht sie

in Weinen aus. »Nimm diese Wollmütze ab, das Kind hat dich noch niemals damit gesehen, deshalb hat es Angst«, rät der Vater.

Mama zieht ihre gewöhnlichen Hauskleider an, und allmählich wird sie wieder in Gnaden aufgenommen, kehrt wieder an ihren Platz im Gedächtnis des Kindes zurück. Allmählich nur, denn noch einige Tage dauern die Launen, die Schwierigkeiten mit dem Essen und Einschlafen. Aber das alles sind Kleinigkeiten und die Mutter wird damit fertig. Ein schwerer Schlag war für sie jedoch die Tatsache, daß ihr Töchterchen sie nach einer so kurzen Trennung vergessen hatte, sie nicht mehr erkannte. Ein böses, undankbares Kind.

War dieser Kummer berechtigt? Nein. Eva benahm sich so, wie jedes Kind in ihrem Alter, entsprechend der Entwicklung des Gedächtnisses und der Fähigkeit zur Unterscheidung.

Durch unzählige Assoziationen, durch den Mechanismus des bedingten Reflexes hat sie ja ihre Mama von allen anderen sie umgebenden Personen und Gegenständen unterschieden. Es ist noch nicht so lange her – im Alter von 10 Monaten fing Eva an, ihre Mutter zu erkennen, dann den Vater. Sie begann, sie mit ihrem vertrauensvollen Lächeln zu erfreuen und die Händchen nach ihnen auszustrecken. Gleichzeitig zeigte sich auch die andere Seite dieser Erscheinung – die charakteristische Reaktion auf Fremde, die Schüchternheit, manchmal auch Angst vor unbekannten Dingen und Menschen.

Allmählich erweitert sich die Skala der bekannten Dinge. Jeder Tag bringt eine neue Lektion des Kennenlernens und Sicherinnerns. Der schwierige Prozeß des Denkens reift langsam heran. Man darf ein Kind nicht nach den Maßstäben eines Erwachsenen beurteilen.

Es kann bestimmte Zusammenhänge noch nicht verstehen. Es ist zum Beispiel hungrig, aber es will nicht essen, es ist schläfrig, will aber nicht schlafen, seine Hände sind eiskalt, aber es zieht keine Handschuhe an.

Noch schwieriger ist das Erkennen, gerade das, worüber sich Mama beklagt.

Ein anderthalbjähriges Kind reagiert noch auf sehr unreife Weise auf eine Situation. Es hat große Schwierigkeiten, Gegenstände und Erscheinungen, die immer zusammen vorkommen, einzeln zu erkennen. Es merkt sich alles auf eine komplexe Weise und kann Einzelheiten noch nicht einordnen.

Wenn ein Kind in die Kinderkrippe geht, dann kennt es seine Betreuerin gut, aber es kennt sie nur in einer weißen Schürze und im Häubchen, in der Umgebung der Wände und Möbel der Kinderkrippe. Kein Wunder also, daß es seine »Tante« in Mantel und Hut nicht begrüßt.

Wenn umgekehrt die Oma unerwartet in einer weißen Schürze in der Kinderkrippe erscheint, dann wird sie wie eine Fremde behandelt, die Angst und Mißtrauen hervorruft. Denn auch die Oma ist in dem noch unreifen Gedächtnis des Kindes ein Teil der allgemeinen Vorstellung vom Haus, deren Einzelheiten man vorerst nur schwer realisieren kann. Das Gedächtnis eines kleinen Kindes ähnelt mehr einem Bild als einem Film: alles muß auf seinem Platz sein, das erleichtert die Orientierung. Es gibt ihm das Gefühl der Sicherheit angesichts der großen Veränderungen, denen das Bewußtsein eines Kindes ständig ausgesetzt ist, das erst vor kurzem den engen Käfig seines Ställchens verlassen hat. Deshalb kann man so leicht den »Nikolaus« machen bei der kleinen Eva. Es genügt, wenn sich der Vater eine Kapuze aufsetzt und einen Bart anklebt. Sie erkennt ihn bestimmt nicht und kann tatsächlich vor dem wunderlichen bärtigen Mann Angst bekommen. Eva ist sicher das beste Kind unter der Sonne und liebt ihre Mutter. Sie kann sich aber nichts längere Zeit merken und kann auch die Mutter in einem neuen Hut nicht erkennen.

Daß sie große Sehnsucht hatte, das sieht man am besten an ihren Launen, die nach der Ankunft der Mutter zum Vorschein kamen. So äußern sich bei einem anderthalb-

jährigen Kind die Trauer und der Schmerz um die Mutter, die Angst um ihre Liebe.
Eva ist ein gutes Kind, aber bis zum Ende des dritten Lebensjahres ist es besser, ihr keine Trennung von der Mutter zuzumuten.
Besser für das Kind und besser für die Mutter.

Das gute Herz der Lumpenpuppe

Das zweijährige Kind schöpft seinen Mut vor allem aus dem Gefühl der Sicherheit, das auf dem Bewußtsein der Verbundenheit mit den ständig ihn umgebenden erwachsenen Personen, das heißt den Eltern, und ihrer Liebe beruht. Sein unruhiger und unternehmungslustiger Geist schöpft dieses Sicherheitsgefühl aber noch aus einer anderen Quelle, nämlich aus der Ruhe und der Nähe, die ihm der Aufenthalt unter den vertrauten häuslichen Bedingungen bietet. In das Haus von Sonja und Peter hat die Angst keinen Zutritt. Alles ist wohlbekannt, die Menschen und Gegenstände sind sozusagen »gezähmt«, freundlich, wohlwollend, »assimiliert«, sowohl der abgenutzte Sessel beim Fenster als auch die gehorsam den Tisch umgebenden Stühle, die Anrichte mit den wohlbekannten Gerüchen, das Fensterbrett, von dem aus man die vorbeifahrende Straßenbahn sehen kann.

Wenn es Abend wird und man schlafen gehen muß, dann fällt es zwar schwer, sich von allem zu trennen, aber Angst hat man keine, denn das Bettchen kennt man gut und den Teddybären und die sorgliche Hand der Mutter, die einen mit der Bettdecke zudeckt. Man hat keine Angst, allerdings unter der Voraussetzung, daß alle Tätigkeiten, die mit dem Baden, Ausziehen und Schlafenlegen zusammenhängen, ein unveränderliches Ritual bilden, dessen Reihenfolge stets gleichbleibt.

Vor dem Schlafen ein kurzes Märchen oder ein Liedchen. Auch dabei bitte keine Fehler machen, keine Worte auslassen, denn auch das muß jeden Tag gleich sein, das beruhigt und schläfert ein. Das zwei- und dreijährige Kind ist ein Sklave des Rituals. Das ist das beste Alter, um Ordnung und gute Gewohnheiten anzunehmen. Das Kind ist ganz begierig darauf und erinnert selbst daran, wenn man irgendeine Kleinigkeit vergißt. Nicht alle Einzelheiten des Rituals sind nützlich, vom Standpunkt der Erwachsenen aus gesehen, aber sie müssen respektiert werden. Man muß also immer auf die gleiche Weise Sonja und Teddy mit der Bettdecke zudecken, gute Nacht sagen und sie küssen. Bei Tisch immer der gleiche Platz, das gleiche Gedeck, die gleiche Serviette.

Alles was bekannt, was »familiär« ist, das ist gut, das macht sicher und mutig. Wir sehen das immer dann besonders deutlich, wenn durch einen schweren Schicksalsschlag die Welt der von dem Kind assimilierten Begriffe erschüttert wurde.

Jeder Arzt, jede Pflegerin kennt die Reaktion des Kindes auf die ihm fremde Atmosphäre des ärztlichen Sprechzimmers, des Krankenhauses, ja der Kinderkrippe, diese herzzerreißende Verzweiflung, Traurigkeit, Angst, Hilflosigkeit. Dann zeigt sich die magische Kraft der von zu Hause mitgebrachten Dinge. Es zeigt sich, daß jeder Gegenstand, jede Gewohnheit von zu Hause dem Kind Ruhe verleiht, es ihm erleichtert, sich in der neuen Situation zurechtzufinden und den erdrückenden Albtraum der Angst zu überwinden.

Der bequeme Pullover mit den kurzen Ärmeln stört die Ordnung des Krankenhauses nicht, aber er trocknet besser die Tränen des Kindes als irgendwelche Beruhigungstabletten.

Der kleine Plüschbär – der Freund vieler Kindernächte – schläfert das Kind wirkungsvoll ein und tröstet es in der Einsamkeit. Und das eigene Löffelchen, die eigene Tasse, in jedem Gegenstand von zu Hause ist sozusagen ein Teil der Wärme der mütterlichen Hände eingeschlossen, der seine Wirkung nicht verliert.

Erlauben Sie doch der kleinen Sonja, wenn sie in die Kinderkrippe geht, ihre Lumpenpuppe mitzunehmen. Es hat gar nichts zu sagen, daß es in der Kinderkrippe andere, schönere Puppen gibt, denn diese hier ist ihre eigene, die hat Oma gemacht. Begreifen Sie, das ist nicht eine billige Lumpenpuppe, das ist ein guter Schutzgeist, der den häuslichen Frieden, den Mut und das Selbstvertrauen in sich trägt.
Lassen Sie doch der Kleinen diese Puppe.
Es wäre vielleicht noch besser, wenn die kleine Eva einige Wochen lang zusammen mit der Mama in die Kinderkrippe käme.
Wenn die Mama, bevor sie zur Arbeit geht, durch ihre kurze Anwesenheit die neuen, unbekannten und deshalb furchteinflößenden Räume des Kindergartens auf eine nur ihr bekannte Weise vertrauter und so zu einem gewohnten Zuhause macht.
Die sichere Wärme der mütterlichen Arme, die Melodie eines Wiegenliedes, das man in der Kindheit gehört hat, ist auch in den späteren Jahren des Kindes und selbst des Erwachsenen eine Quelle, aus der wir in schwierigen Zeiten unseres Lebens, in den Stunden der Angst und Verzweiflung Trost schöpfen.
Wie oft ist die gleiche Kraft der Liebe für uns Erwachsene in Maskottchen und anderen kleinen Dingen enthalten, die uns als Talisman oder zum Andenken von Menschen geschenkt wurden, die unserem Herzen nahestehen.

Laß ihn doch deine Hand fassen

Ich stehe noch ganz unter dem Eindruck eines operativen Eingriffs, den ich durchgemacht habe. Ich hatte volles Vertrauen zu dem Chirurgen, der mich operieren sollte. Seine Argumente überzeugten mich, daß es besser wäre, eine Narkose zu vermeiden und den Eingriff unter örtlicher Betäubung durchführen zu lassen, daß – es nicht weh tun

würde. Und doch, als ich die Schwelle des Operationssaals überschritt, zerstob alle Selbstbeherrschung. Der Operationstisch, die vorbereiteten Instrumente und – das Unbekannte, das hinter der Schwelle wartete – der Schmerz.
Ich fühlte mich als Kind, als hilfloses Kind, völlig den maskierten Menschen in Weiß ausgeliefert. Ich hatte Angst, Angst vor dem Unbekannten, Angst vor der Wehrlosigkeit und eine geradezu kindische Angst – ob ich es aushalte, ob ich es fertigbrächte, den Schmerz und die Angst nicht zu zeigen.
Schließlich liege ich auf dem Tisch, vor mir die weiße Wand des Bettlakens, das das Operationsfeld vor mir verbirgt. Ich höre die Worte des Arztes: »Nein, Schwester, Sie brauchen sie nicht festzuschnallen.« Und dann ist da doch der Schmerz und meine dünne Stimme: »Schwester, geben Sie mir bitte die Hand.« Und sofort fühle ich mich besser, sicherer, ich drücke die nach mir ausgestreckte Hand und bin ganz entspannt, ich halte die Hand des unbekannten und doch mir nahen Menschen fest. Schon fühle ich mich stärker, ich weiß, daß ich bis zum Ende durchhalten werde, daß ich alles ertragen werde und daß ich nichts zu befürchten habe. Und mit Hilfe dieser freundlichen Hand schwinge ich mich wieder dazu auf, erwachsen zu sein, kommt die Beherrschung, der Mut und die Zuversicht wieder.
Die Angst ist vorüber, bequem auf hohen Kissen liegend denke ich zurück. Für kurze Zeit war es mir verliehen, selbst wieder ein Kind zu sein, in seine Seele zu blicken und nicht nur zu verstehen, sondern mit meinem ganzen Selbst zu fühlen, was die Angst vor dem drohenden Unbekannten bedeutet, welche Macht eine wohlwollende ausgestreckte Hand hat und welche Erleichterung sie bringt.
Für ein kleines Kind ist die ganze Welt voll unbekannter Dinge, viel unbekannter und geheimnisvoller als ein Operationssaal für einen erwachsenen Menschen.
Aber dieses Unbekannte ist drohend und anziehend gleich-

zeitig. Man kann sich nicht zurückziehen, man muß alles kennenlernen und alles erfahren.

Ein ähnlich krampfhaftes und vertrauensvolles Festhalten der Hand habe ich im Kreiß-Saal beobachtet, wenn eine kreißende Frau in den Momenten des größten Schmerzes wie ein Kind »Mama« ruft, Hilfe, Unterstützung und Mut sucht, flehentlich bittet: »Geben Sie mir bitte die Hand«, diese Hand dann drückt, krampfhaft festhält, bis die schreckliche Spannung vorbei ist, die sie, kurz bevor sie Mutter wurde, wieder zum Kind machte.

Bei einem Kind muß das Bedürfnis zu immer mutigeren Vorstößen in das Unbekannte befriedigt werden, sonst wird es nicht zu einem tatkräftigen, selbständigen Menschen. Damit es ihm aber auf dem Weg zur Selbständigkeit, zu immer schwierigeren Prüfungen nicht an Mut fehlt, braucht es diese Hand, die Hand der Mutter und des Vaters, die Hand, auf die man jederzeit zurückkommen kann, die man festhalten kann, wenn man sich schwach fühlt, die dem Kind Mut, Tatkraft und Vertrauen gibt.

Gib ihm doch deine Hand, damit es sich daran festhalten kann.

Die Macht der Freude

Worüber freut sich der kleine Peter, was macht ihm Kummer und worüber wird er zornig?

Alle Arten und Schattierungen der dem erwachsenen Menschen eigentümlichen Gefühle durchleben auch schon unsere kleinen Freunde – Peter und seine Altersgenossin, die selbständige Sonja. Mit dem einen Unterschied jedoch, daß die Emotionen dieser kleinen Leute – ihre Freude und ihr Leid, ihr Mut und ihre Angst, die Begeisterung und die Verzweiflung – viel heftiger sind als bei den Erwachsenen. Die Hemmungsmechanismen sind nämlich noch nicht entwickelt, es fehlt an Erfahrung und Selbstbeherrschung: Das Kind kann seine Gefühle nicht verbergen, es

kann seine Freude und seine Traurigkeit nicht beherrschen.
Es wird von Freude überwältigt, atmet sie mit vollen Lungen ein, sie fließt durch sein Blut, blitzt in seinen Augen, zeigt sich als Röte auf seinen Wangen, sie zeigt sich in seinem Lächeln, seinem Herumhüpfen, seiner Lust zu neuen Entdeckungen.
Der Zorn des Kindes ist wie ein Orkan: Weinen, Schreien, Stampfen mit den Füßen, ja noch schlimmer – der Zorn schüttelt das Kind, wirft es in hilfloser Verkrampfung auf den Boden, läßt es mit dem Kopf auf den Fußboden schlagen.
Und die Traurigkeit? Die Verzweiflung? Nun, Kinder sollen nicht traurig sein, sie haben noch genügend Zeit dazu, wenn sie heranwachsen. Und doch sind Kinder oft traurig. Sie können es nicht in Worten ausdrücken, aber sie sagen es auf ihre Weise. Die Traurigkeit nimmt ihnen den Appetit, macht ihren Blick trübe, verlangsamt ihre Schritte. Erbrechen, Schlaflosigkeit, neurotische Zustände sind weitere Folgen der Traurigkeit und der Sehnsucht. Ein kalter Luftzug, eine gewöhnliche Infektion können für ein trauriges Kind bedrohlich werden, sogar zu einer tödlichen Gefahr.
Es gibt keine gefährlichere Krankheit für ein kleines Kind als Traurigkeit, Verzweiflung und Sehnsucht. Ich sage das im vollen Bewußtsein meiner ärztlichen Verantwortung für die Richtigkeit meiner Worte. Wir müssen also unser Kind so weit als möglich vor Traurigkeit bewahren, ihm das lebenspendende Element der Freude und elterlichen Liebe geben.
Im sicheren Wirkungskreis der ihm nahestehenden Personen entfaltet das Kind vergnügt alle seine Anlagen und findet Lebensfreude. Zu den wichtigsten Trieben gehört beim Kind der Bewegungstrieb. Alle Zweijährigen lieben es, ihren Körper zu bewegen, sowohl die aktive Bewegung – Laufen, Hüpfen – als auch die passive: Fahren in der Straßenbahn, im Zug, die Bewegung auf der Schaukel, auf

den Knien des Opas. »Hoppe, hoppe, Reiter...« Ein Spiel, so alt wie die Welt.
Peter liebt es auch, sich bewegende Gegenstände zu betrachten oder sie in Bewegung zu setzen: krümeligen Sand, einen rollenden Ball. Er spielt sehr gern mit Wasser beim Baden, im Waschbecken, er malt mit seinen nassen Händen, betrachtet die Abdrücke der Finger, Streifen, Flekken, häufiger Anlaß für Mißverständnisse und Verbote.
Ein gesundes und fröhliches Kind liebt es auch, mit Geräuschen zu spielen, es ruft immer wieder etwas, ahmt bekannte Laute nach, stampft kräftig mit den Füßen auf, schlägt rhythmisch mit dem Schäufelchen an den Eimer, mit dem Löffelchen an den Teller.
Wenn Peter mit höchster Konzentration eine Sandhöhle baut, so tut er das mit dem gleichen Ernst, mit dem sein Vati, der Architekt, an seinen Plänen arbeitet. Deshalb reagiert er zornig und unwirsch, wenn er immer wieder bei seiner Beschäftigung unterbrochen wird: um die Hände zu waschen, zu essen, zu schlafen. Und keinem fällt es ein, daß er gerade dabei ist, ein schwieriges Problem zu lösen und es nun immer wiederholen, nachprüfen, und sich einprägen muß.
Ein Kind mit einem lebhaften Temperament reagiert auf diese ständigen Unterbrechungen seiner Tätigkeit mit Zorn, mit dem Widerwillen gegen jegliche Anordnung der Erwachsenen. Das schüchterne Kind mit schwachem Willen resigniert, gibt sein Bemühen auf, es hat ja doch keinen Wert, man wird ja immer unterbrochen, wenn es am interessantesten ist.
Was ist da zu tun? Man muß 15-20 Minuten vor dem Mittagessen oder dem Schlafengehen sagen, daß das Kind sein Spiel beenden soll. Das Kind wird sich dann beeilen, mit dem Bauen fertigzuwerden und vielleicht auch noch einige Minuten ausruhen. Das wirkt sich günstig auf den Appetit und den Schlaf aus. Man vermeidet zornige Worte, ungute Gefühle und Vorwürfe.
Was ist Peter außerdem noch zuwider? Alles, was von der

normalen Lebensweise abweicht (er ist konservativ!), was
ihn erschreckt und was weh tut. Ich spreche nicht von
körperlichem Unbehagen, von Hunger und Müdigkeit,
Kälte, körperlichem Schmerz.

Das Kind macht sich eigentlich nicht sehr viel daraus,
wenn es irgendwo anstößt oder hinfällt. Das liegt nun
mal in der Natur der Sache, denn seine Ziele gehen oft
über seine Erfahrung und seine körperlichen Möglichkeiten
hinaus.

Aber das kleine Kind kann den Schmerz noch nicht lo-
kalisieren. Auf diesem Gebiet ist es völlig auf die Erwachsenen angewiesen. Man kann sich dabei nicht zu sehr auf
die Verständigung mit Worten verlassen. Es hat Angina
und klagt über Bauchschmerzen, das Ohr tut ihm weh,
aber es zeigt auf seinen Kopf.

Es ist klein, unreif, ganz von uns abhängig.

Nicht alle Gründe für die Unzufriedenheit lassen sich
beseitigen. Das Kind wird immer häufiger auf Schwierigkeiten und Behinderungen stoßen, die selbst die liebe-
vollsten Eltern nicht verhindern können. Doch der Reich-
tum an freudigen, positiven Erlebnissen, die in dem Kind
das Vertrauen auf die eigene Kraft, das Wohlwollen der
Menschen und der Welt wecken, entscheidet darüber, ob
der Mensch später mit den Schwierigkeiten dieses Lebens
fertig wird.

IX HAB VERSTÄNDNIS FÜR DIE KINDLICHE EIFERSUCHT

Auch Othello war einmal zwei Jahre alt

Wie verhält es sich eigentlich mit der Eifersucht? Wir Erwachsenen kennen genau die bleierne Last dieses Gefühls, das uns die Ruhe nimmt, jede Freude vergiftet, uns des gesunden Menschenverstandes und des logischen Denkens beraubt.
Die Eifersucht senkt ihre Wurzeln schon früh in das Herz des Menschen. Zugleich mit dem Erwachen der Persönlichkeit, zusammen mit den lebenspendenden Gefühlen der Liebe und der Anhänglichkeit, keimt im Herzen des zweijährigen Kindes auch das erste Gefühl der Eifersucht. Ebenso wie alle ersten Gefühle, die das Herz des kleinen Kindes erschüttern, kann sich auch die erste Eifersucht in ungewöhnlich heftiger Weise äußern, die der Umgebung oft unverständlich ist. Weshalb kann ein Kind eifersüchtig sein – natürlich wegen der Person, die es am meisten liebt und die für ihn die ganze Welt bedeutet – seiner Mama.
Und wo ist der Rivale, der seine Seelenruhe stört, seine Liebe bedroht? Peters Liebe zur Mama ist so unteilbar, so umfassend und besitzergreifend, daß selbst der Vater als Rivale angesehen werden kann, dessen Rechte auf die Mutter in dem kleinen Kind Protest und Zorn hervorrufen.
Unter normalen Bedingungen kann diese Eifersucht auf den Vater leicht überwunden werden.
Manchmal beobachten wir aber auch, daß diese eifersüchtige Liebe das ganze Leben über andauert.
Doch oft taucht schon bald ein viel gefährlicherer Rivale

auf, mit unbestreitbaren Vorzügen, ein echter Konkurrent im Ringen um das Herz der Mutter. Dieser Rivale ist ein jüngeres Brüderchen, ein neues Kind in der Familie. Der kleine Eindringling eignet sich Peters Bettchen an, sein Wännchen, trinkt Milch von der Brust der Mutter, die Mama hat für ihn nur liebevolle Blicke, Bewunderung und Zärtlichkeit.

Peter fühlt sich plötzlich einsam und verlassen, ungeliebt und niemandem nütze, einfach in die Ecke geschoben.

Zu allem Übel prasseln auf das überraschte Kind Ermahnungen und Vorwürfe herunter: »Du bist schon groß, du mußt ruhig sein«, »du mußt artig sein, denn du bist doch vernünftig.«

»Groß.« Peter ist zwei Jahre alt, und sein Herz ist voll Verzweiflung. Aber wenn ihm keiner hilft, dann werden Eifersucht und zornige Abneigung gegen den Eindringling, dieses glückliche Baby, tiefe Wurzeln im Herzen des Kindes schlagen und werden es nie mehr verlassen. Der giftige Stachel der Eifersucht wird zusammen mit ihm wachsen, wird sich immer tiefer in sein Herz bohren.

Eifersucht auf den jüngeren Bruder – das ist ein uralter und weit verbreiteter Kummer.

Untersuchen wir einmal genauer, wie sie sich äußert, wenn der eifersüchtige Othello erst zwei Jahre alt ist, wenn man der kommenden Qual und dem Kummer noch vorbeugen kann.

Überlegen wir uns, wie wir ein kleines Kind darauf vorbereiten können, daß sich die Familie vergrößert, wie man es vor dem giftigen Stachel der Eifersucht bewahren kann.

Man muß viel davon erzählen, daß ein Baby erwartet wird, dann ist es keine unangenehme Überraschung für ihn, sondern ein liebes, lange erwartetes Geschenk.

Aber eine Vorbereitung mit Worten allein reicht in diesem Alter nicht aus. Wenn Peter die Rolle des älteren Brüderchens annehmen soll, dann muß man ihn zu möglichst großer Selbständigkeit führen. Die notwendige »Entwöh-

nung« von der Mutter muß schon beginnen, wenn das zweite Kind noch »unterwegs« ist.
Dann muß auch das Bettchen des Kindes in ein anderes Zimmer gestellt werden, falls das erforderlich ist. Ebenso verhält es sich mit dem selbständigen Essen, Anziehen und Ausziehen.
Diese Selbständigkeit des Kindes, die Rolle des »älteren« Brüderchens muß als eine Errungenschaft behandelt werden, die von den Eltern anerkannt und gelobt wird, indem sie sich über ihren »erwachsenen« Peter freuen und stolz auf ihn sind.
Das hilft ihm ein bißchen, den Zwiespalt zu überwinden, der sich mit der Ankunft des kleinen Eindringlings ergeben wird. Und die Mutter, deren Herz ganz von der Wonne der neuen Mutterschaft erfüllt ist, darf nicht vergessen, daß der sogenannte »ältere Bruder« doch nur der kleine zweijährige Peter ist.

Wie äußert sich Peters Eifersucht?

Peter fängt an, zornig zu werden, geht übelgelaunt umher, ja er schlägt sogar nach der Mama.
Oder er macht den ganz unschuldigen Vorschlag:
»Vielleicht verkaufen wir das Baby wieder oder wir bringen es ins Krankenhaus zurück?«
Man muß Peter deshalb nicht böse sein oder ihn bestrafen. Er fühlt sich verlassen, es scheint ihm, daß er die Liebe der Eltern verloren hat. Der unreife Geist des Kindes sucht einen Ausweg, er will die Liebe und den Schutz derjenigen wiedergewinnen, die für ihn die ganze Welt bedeuten. Er denkt, daß er diese Liebe vielleicht wiedergewinnen kann, wenn er sich so benimmt wie der »Neue«, dieses »Baby«, das die Mama ihm vorzieht.
Da kann ein Zweijähriger wieder zu einem hilflosen Säugling werden. In der Nacht macht er das Bett naß, tagsüber in die Hose. Er nimmt wieder seine Säuglingsgewohn-

heiten an, will wieder aus der Flasche mit dem Schnuller trinken. Wenn es ihm nicht gelingt, auf »friedliche« Weise die Aufmerksamkeit der Eltern auf sich zu ziehen, wird er immer bockiger, hat Wutanfälle und – hört auf zu essen. Diese Art, die untreuen Eltern zu strafen, erweist sich immer als die erfolgreichste. Diese nachteiligen Veränderungen im Verhalten des Kindes können plötzlich auftreten, von einem Tag zum anderen, als eine Reaktion auf das Benehmen der Mutter, die ihre ganze Zeit, Aufmerksamkeit und Liebe dem neuen Kind gibt. Peter fühlt sich überflüssig – ungeliebt, das geht über seine Kraft. Man muß ihm helfen, diese schwierige Zeit zu überwinden, darüber hinauszuwachsen. Man darf dem Kind sein häßliches Benehmen nicht ständig vorhalten, denn es ist meist nur eine Folge des eigenen Fehlverhaltens.

Daß Peter wieder so oft auf den Arm genommen werden will, obwohl er doch »so groß« ist, daß er im Bettchen des Babys schlafen will, daß er nachts hochfährt und ruft: »Ich will zur Mama« – das darf man dem Kind nicht zum Vorwurf machen, man darf es auch nicht auslachen, denn es ist die Verzweiflung, die aus ihm spricht, ein Ruf nach Hilfe. Hier nützen Worte und liebevolles Zureden wenig. Man kann Peter helfen, das verlorene Gleichgewicht wiederzugewinnen, indem man ihm kleine Tätigkeiten überträgt und seine Wichtigkeit unterstreicht, indem man seine Bedeutung und seinen Wert hervorhebt, den er als Ältester hat. In dieser Zeit muß der Vater mehr Zeit dem älteren Kind widmen. Er muß es an Annehmlichkeiten beteiligen, die dem Baby unzugänglich sind, wie Schlittenfahren, Spazierengehen, gemeinsam Einkäufe machen, unter anderem auch für »unser neues Baby, das noch klein und dumm ist«, denn »wir verlassen uns darauf, daß Peter ihm hilft und ihm vieles beibringt«.

Wir nutzen auf diese Weise den in jedem Kind vorhandenen Trieb aus, möglichst schnell erwachsen zu werden.

Bei Peter, der so nach Zärtlichkeit hungert, darf man mit Liebe nicht sparen. Man muß ihn auf den Arm nehmen und liebkosen, man muß ihn ein bißchen herumtragen, man muß ihn ausziehen und ins Bettchen bringen, wie das Baby auch. Wenn die Sehnsucht nach der Rückkehr in die Wiege gestillt ist, dann legt sich auch der Gefühlshunger und Peter kommt zu der Überzeugung, daß die Annehmlichkeiten, die das Baby genießt, für ihn gar nicht mehr so großartig sind. Besser man macht sich wieder an seine eigenen Beschäftigungen. Und das ältere Kind kehrt froh zu seinen Tätigkeiten und Interessen zurück, die es für einige Zeit vergessen hatte.

Man kann Peter an der Pflege beteiligen – er soll das Recht haben, manchmal das Baby für kürzere Zeit zu halten, es zu streicheln, mit ihm zu spielen. Wenn er dafür gelobt wird, daß er lieb und artig ist und der Mama sehr geholfen hat, dann findet er sich leichter damit ab, daß sie nun zu zweit oder zu dritt sind, in der Überzeugung, daß alle gleichmäßig geliebt und gebraucht werden.

Vor allem muß man auf das eigene Verhalten achtgeben, auf die Begeisterung, mit der sich Omas, Tanten und Nachbarn an der Wiege des Säuglings gegenseitig überbieten.

Manchmal können die unguten Gefühle jedoch die Oberhand gewinnen – damit muß man rechnen.

Es ist deshalb auf jeden Fall besser, Peter nicht mit dem kleinen Brüderchen allein zu lassen.

Die Eifersucht ist ein menschliches Gefühl. Die Familie ist auch auf diesem Gebiet des menschlichen Lebens eine Schule, in der das Kind seine Kräfte messen, die heftigen Reflexe bändigen muß, in der es lernen muß, das Gift des Neides zu neutralisieren. Das kann es durch das Gefühl der eigenen Kraft und der durch nichts zu erschütternden Sicherheit, daß es geliebt und gebraucht wird, daß es von niemandem verdrängt werden kann.

Das Versuchskind

Beim zweiten und dritten Kind machen wir gewöhnlich weniger Fehler als bei der Erziehung des ersten. Am schwersten hat es gewöhnlich das Erstgeborene, das den Weg bahnt für seine Geschwister. Bei ihm lernen die Eltern die schwierige »Kunst« der Elternschaft. Man muß diese Schwierigkeiten kennen, vielleicht gelingt es uns, einige Fehler zu vermeiden und dadurch die Belastung zu verringern, die von Natur aus auf den Schultern des ältesten Kindes liegt.
Die Mama von zwei netten Mädchen, Jutta und Martina, beurteilt ihre kleinen Töchterchen so:
»Martina, die Jüngere, ist leicht zu erziehen. Mit ihr habe ich niemals größere Schwierigkeiten. Sie ist ruhig, kann so schön für sich allein spielen, ist lieb, jeden lächelt sie an und erwirbt leicht die Sympathie der Leute. Das ist ein glückliches Kind. In der Straßenbahn oder auf der Straße fangen die Leute ein Gespräch mit mir an und fragen, wie alt sie ist, wie sie heißt. Die Ältere dagegen, die Jutta, die hat leider nicht die Gabe, die Menschen für sich zu gewinnen, man wendet ihr erst nach der Jüngeren die Aufmerksamkeit zu, und das auch nur aus Höflichkeit. Und gerade das kränkt sie, das nährt in ihr unaufhörlich Vorwürfe und Abneigung gegen die Erwachsenen und natürlich ruft es auch Neid gegenüber der jüngeren Schwester hervor. Ihre Augen blicken ablehnend, ihr hübscher Mund ist zu einem häßlichen Schmollen verzogen, ihr Herz, das sich nach menschlicher Sympathie und Lob sehnt, krampft sich vor Schmerz zusammen, das Kind fühlt sich gedemütigt.« Woher kommen nun die Unterschiede in der Gemütsart der beiden Töchter, die von der Natur in gleichem Maße freigebig ausgestattet wurden, die unter den gleichen Bedingungen erzogen wurden? Aber sind diese Bedingungen tatsächlich gleich?
Da ist einmal das erste Kind. Auf dieses Kind konzentriert sich die Aufmerksamkeit der Eltern gewöhnlich ganz be-

sonders. Das Kind wird auch im Alter von sechs Monaten nicht einen Augenblick sich selbst überlassen, obwohl es sich dann schon allmählich an selbständiges Spielen gewöhnen sollte.

Man nimmt ihm häufig die Möglichkeit, aus eigener Initiative Kontakte mit Erwachsenen zu suchen. Die Eltern strecken als erste die Hände nach ihm aus, sie nehmen ihm jedes Wort, jede Geste vorweg. Im Hochgefühl elterlichen Stolzes loben sie ihr erstgeborenes Kind unaufhörlich und zeigen es den Verwandten und Bekannten.

Die elterlichen Gefühle, in Maßen demonstriert, sind eine unschätzbare lebenspendende Quelle, wenn aber ein Kind mit Zärtlichkeit und unablässiger Aufmerksamkeit der Eltern überfüttert wird, wenn sich das Kind dadurch nur noch mit sich selbst beschäftigt, dann kommt es zu der Überzeugung, daß es in der Tat der »Nabel der Welt« sei.

Auf das erste Kind konzentriert sich gewöhnlich die große emotionale Spannung der Eltern, die übertriebene Angst selbst bei der kleinsten Unpäßlichkeit. Sie nehmen es auch übermäßig genau hinsichtlich der Pflege und persönlichen Reinlichkeit, der Einhaltung der Schlafzeiten, der Mahlzeiten usw.

Diese Übertreibung und Nervosität kommt von einem Mangel an Erfahrung, an Selbstsicherheit.

Dazu kommt noch die Eitelkeit der Eltern. Sie möchten, daß ihr Kind von der Umgebung das höchste Lob erhält, deshalb führen sie es immer vor und stellen es zur Schau. Sie engen das Kind ständig mit Vorschriften und Anweisungen ein.

Diese übertriebene, ins Einzelne gehende, überspannte Aufmerksamkeit, mit welcher das erste Kind häufig umgeben wird, verdirbt ihm den Start ins Leben, schränkt es ein, nimmt ihm Freiheit und Selbstsicherheit. Dadurch wird eine Aufnahme von gesunden Beziehungen zwischen dem Kind und seiner Umgebung nicht gefördert, im Gegenteil. Beim zweiten Kind ist diese Spannung dann weg. Nun hat man Erfahrung. Man ist ruhiger und selbstsicherer, man hat die Prüfung bestanden. Wie kann man dem Erstgeborenen das Leben erleichtern? Natürlich darf man es nicht vernachlässigen, aber geben Sie ihm mehr Freiheit und mehr Möglichkeiten zur Entfaltung der eigenen Initiative.

Gestatten Sie ihm, für sich allein spielen zu lernen. Wenn es in sein Spiel vertieft ist, voller Konzentration und völlig zufrieden, dann stören Sie es nicht. Mischen Sie sich nicht ständig ein mit Ratschlägen, Warnungen und Befürchtungen: »Gib acht, daß du dich nicht verletzt, paß auf, daß du nicht hinfällst, daß du dich nicht schmutzig machst.« Schaffen Sie so die Voraussetzungen dafür, daß das erstgeborene Kind allmählich Vertrauen in seine eigene Kraft bekommt und daß es lernt, sich Wohlwollen und Sympathie zu erwerben. Wenn Gäste kommen, dann prahlen Sie nicht mit Ihrem Kind. Wenn es zu Ihnen hinläuft und sich an Ihre Knie schmiegt, dann seinen Sie nett und liebevoll zu ihm, aber halten Sie es nicht zu lange bei sich, denn nach einer Weile zeigt es doch Lust, sich wieder allein zu beschäftigen.

Auch der Jüngste hat seine Sorgen

»Ich möchte noch ein Brüderchen haben, Mama, eins, das jünger ist als ich... dann wäre ich der Ältere... ich würde ihm beibringen: ›das macht man so und das anders. Wasche dir die Hände vor dem Essen und lege die Bücher ordentlich hin, sprich leise, dränge dich nicht vor, du bist der Jüngste, warte, bis die älteren Geschwister bekommen haben.‹ Ich möchte so sehr ein älteres Brüderchen sein, daß du dir das gar nicht vorstellen kannst, Mama. Ich werde lieb zu dem Kleinen sein... ganz sicher lieber als Paul und Michael zu mir sind. Am schwierigsten ist es mit Paul, weißt du, Mama. Er ist der Älteste – aber er ist noch nicht ganz erwachsen, er kommt sich nur so vor, als

wäre er der erwachsenste und wichtigste im ganzen Hause, nichts darf man auf seinem Tisch anfassen und ständig erteilt er mir Lehren. Und das mag ich nicht. Ich habe auch eine Meinung und mich ärgert besonders, wenn er verächtlich sagt: ›Sei still – Kinder und Fische sind stumm.‹ Mama, glaub aber ja nicht, daß ich ihn nicht liebhabe, ich habe ihn schrecklich gern und ich weiß nicht, was ich darum geben würde, um ihm zum Beispiel beim Entwickeln eines Fotos helfen zu dürfen. Paul versteht es, so viele Dinge ganz großartig zu machen. Übrigens kommen wir in der letzten Zeit etwas besser miteinander aus. Aber man weiß ja, wie es mit Paul ist... man muß ihm aus dem Weg gehen, wenn er böse ist, und nach einer Weile ist er wieder gut. Mit Micha war es bisher einfacher. Micha ist nicht so alt. Im Mai werde ich 11, und Micha wird im Juni 13. Sicher muß das so sein zwischen Brüdern, daß sie von Zeit zu Zeit ein bißchen raufen, dagegen läßt sich nichts einwenden – er ist stärker und schwerer, ich bin dafür beweglicher und schneller, wir haben die gleiche Chance. Wir boxen ein bißchen, ringen miteinander und dann sind wir wieder einig. Du weißt, Mama, ich beklage mich nicht, keineswegs. Überhaupt ist Micha ein toller Kerl, aber in letzter Zeit ist er so komisch geworden... Er hat seine Schulkameraden lieber als mich. Wenn er mit der ganzen Klasse ins Theater geht, dann nimmt er mich mit, aber beim Schlittschuhlaufen und beim Radfahren, da hat er lieber seine Schulkameraden dabei, und mich, seinen Bruder, läßt er zu Hause.
Das tut einem weh, immer höre ich... du bist zu klein, einmal bei dieser Sache, einmal bei jener.
Sicher, wenn du das sagst oder Vati, das ist etwas anderes, da ist es sogar angenehm, wenn man klein ist, und man wird gestreichelt oder in den Arm genommen. Aber ich wachse und wachse und kann trotzdem nie meine älteren Brüder einholen.
Wie gern möchte ich ein jüngeres Brüderchen, ich wäre dann endlich der Ältere.«

Dieses Geständnis habe ich fast im Wortlaut aufgeschrieben, kurz nachdem es mir anvertraut worden war. An jenem Aprilabend gingen wir ein bißchen spazieren, um im Park den Frühling zu genießen. Hand in Hand gingen wir an den blühenden Forsythien vorbei, an den Goldregenbüschen. Die Dämmerung kam ... die Zeit der vertraulichen Geständnisse, und da zeigt es sich nun, daß nicht nur der Erstgeborene seine Schwierigkeiten hat, sondern auch der Jüngste, der verhätschelte Benjamin, auch er hat seine Sorgen. Man muß ihn anhören. Jeder braucht Intimität, jeder muß ein bißchen der Einzige sein. So ist es nun mal, wir sind nicht in der Lage, unseren Kindern alle Steine aus dem Weg zu räumen, und wir müssen es lernen, uns damit abzufinden. Sorglose Kindheit? – Ein frommer Wunsch, der auf keiner wissenschaftlichen Grundlage beruht.

Der Mittlere

Wir wissen schon aus früheren Gesprächen, daß Geschwister sich verschieden entwickeln und einen sehr verschiedenen Charakter haben können. Die Situation in der Familie ist für den Erstgeborenen eine andere als für den Jüngsten, den Benjamin, und wieder eine andere für den Mittleren.
Eine gewisse Rolle spielt zweifellos auch die für jedes Kind spezifische Erbanlage. Nicht weniger wichtig, und wahrscheinlich entscheidend, ist aber auch der Einfluß des erzieherischen Milieus.
Betrachten wir nun das zweite Kind: Es ist nicht das jüngste, nicht das älteste, es befindet sich zwischen diesen in der Mitte.
Diese Mittleren haben oft den besten Start, beim zweiten Kind haben die Eltern schon Erfahrung, so daß die Erziehung des zweiten Kindes glatter verläuft.
Wenn ein drittes Kind auf die Welt kommt, so bedeutet

das für den Mittleren keine so große Erschütterung – er hat nie erfahren, wie schön das Gefühl ungeteilten Besitzes ist. Er ist von Anfang an gewöhnt, die Gefühle der Eltern mit dem älteren Bruder teilen zu müssen, deshalb findet er sich leichter damit ab, wenn noch ein Kind da ist.

Als das neue Brüderchen ankam, hatte der zweijährige Micha eine großartige Idee. Er lief aus dem Zimmer und brachte nach einer Weile dem Säugling sein neues Paar rote Stiefelchen.

»Mama, er ist barfuß und kann deshalb nicht gehen, zieh ihm die Stiefel an, dann werden wir zusammen spielen.«

Diese ruhige, wohlwollende und beschützende Einstellung ist oft für das Verhalten des Mittleren charakteristisch.

Er kann mit jedem harmonisch zusammenleben, er ist das sprichwörtliche Züngchen an der Waage dieser kleinen Kindergesellschaft. Er unterstützt den älteren Bruder, aber sobald es die Situation verlangt, steht er auf der Seite des jüngeren: so eine Koalition darf man nicht unterschätzen.

Oft wenden sich die Geschwister – und nicht nur die Geschwister, sondern auch die Schulkameraden, an ihn, wenn sie einen objektiven, unparteiischen Richter suchen.

Er aber, der Miniatur-Diplomat dieser kleinen Familiengesellschaft, lernt schon von der Natur seiner »geographischen Lage« der bereits von den ersten Jahren seines Lebens an die praktische Bedeutung solcher Werte wie Loyalität, Gerechtigkeit und Solidarität richtig einzuschätzen.

Diese Werte sind nämlich die unabdingbare Voraussetzung dafür, daß er seine Position als Diplomat halten kann.

Nicht immer jedoch verläuft das Leben des Mittleren so günstig, es kann auch anders sein.

Sonja, das erste Kind in der Familie, die erste Enkelin der Großeltern, wurde so sehr verhätschelt und geliebt, daß für das zweite Kind, für Stefan, die Liebe der Eltern nicht mehr reichte.

Obendrein kam Stefan zu einer etwas unpassenden Zeit

auf die Welt. Der Vater bereitete sich gerade auf seine Diplomarbeit vor, und das Schreien des Kindes störte ihn. Die Mutter war noch berufstätig.
Stefan war allen im Wege, er wurde von den einen Großeltern zu den andern geschoben, mal hier, mal da.
Als Stefan vier Jahre alt war, kamen die Eltern zu der Ansicht, daß er irgendwie mißraten sei: traurig, apathisch – ein Dummkopf und Tolpatsch. Und dabei blieb es.
Wenig später kam Peter auf die Welt – der hatte Glück. Der Vater arbeitete schon auf dem verantwortlichen Posten eines Leiters der elektrotechnischen Abteilung, Mama konnte sich ganz der Pflege von Peter widmen. Der Vater konnte sich gar nicht genug darüber freuen, daß Peter so ein wohlgeratenes, fröhliches Kind war, er verbrachte mit ihm jede freie Stunde.
Und Stefan – das mittlere Kind – verschloß sich immer mehr in sich selbst – ungeliebt, verunsichert, durchlebte er ständig die Qualen der Eifersucht, der Demütigung und des Grolls.
In der Schule hat er Mißerfolge, er ist ängstlich, schüchtern, kann sich nicht konzentrieren, das Vertrauen in die eigene Kraft ist ihm genommen – sein Vater sagt »Schlappschwanz« zu ihm (nur so nennt er ihn, nicht anders). Denn so ist es nun mal mit ihm, was er auch anfaßt, es kommt nichts dabei heraus.
Wenn sich Vati auch nur einmal so mit ihm abgeben würde wie mit Peter, wenn er ihm Mut machen würde, wenn er ihn lieb hätte.
Da erkrankte Sonja an Scharlach. Stefan saß an ihrem Bettchen. Er wollte so gerne krank werden, sehr schwer krank sein, dann würde Vati ihn bemerken, würde bei ihm sitzen, ihn bemitleiden..., dann wäre auch er, Stefan, eine wichtige Person.
Die Träume gingen nicht in Erfüllung. Zu seinem großen Bedauern blieb Stefan gesund und bekam Prügel für seine schlechten Noten, zur Strafe durfte er nicht in die Ferien fahren, zur Strafe wurde ihm das Fahrrad weggenommen,

zur Strafe, zur Strafe... Stefans Leben ist trübe wie der Blick seiner großen blauen Augen – sein Leben besteht darin, Strafen hinzunehmen, aber für wessen Schuld?
Immer kräftiger zog der Vater die Schraube seines Strafsystems an. Er verbarg nicht seinen Widerwillen gegenüber dem Kind: »Unausstehlicher Schlingel, von wem er das nur hat?«
Stefan duckte sich, krümmte sich ganz zusammen und... schwieg. Nun war es leicht, ihn als »nicht normal, schwachsinnig« zu bezeichnen. Unter der Last dieses Verdachts fuhr seine Mutter mit ihm zur Poliklinik.
Wir versuchen, Stefan zu helfen, seine verlorene Kindheit zurückzugewinnen. Wir wollen seinen Eltern helfen, den Weg zu ihrem eigenen Kind zu finden – das ungebeten und zur falschen Zeit zur Welt kam.

Der Einzige

Der Einzige bleibt immer das erste Kind und hat alle Folgen auszubaden, die sich aus der mangelnden elterlichen Erfahrung des Vaters und der Mutter sowie aus der größeren Isolierung von seinen Altersgenossen ergeben.
Das Einzelkind in der Familie steht natürlich im Mittelpunkt des Interesses.
Wie kann es auch anders sein, wenn von ihm das Glück und der Grund für das Dasein der Familie überhaupt abhängt?
Oft ist es schwer, die ungeheure Last der elterlichen Gefühle, die sich alle auf das Einzelkind konzentrieren, zu tragen. Und noch schwerer ist es, die hochgeschraubten Hoffnungen und Erwartungen seiner Eltern zu erfüllen. Die Manieren – tadellos, peinlichste Sauberkeit, in der Schule Erfolge, nur ausgesuchte Schulkameraden – das ist das Minimum an Anforderungen, die an ein Einzelkind gestellt werden. Und wenn es eines Tages zu einer Rauferei kommt, dann ist es sicher »die Schuld schlechter

Freunde«. Wenn es eine miserable Note bekommt, dann ist es »die Schuld des Lehrers«.

Die Übertreibung bei der »Abschirmung« und der Keimfreiheit bezieht sich nicht nur auf Bakterien, sondern auch auf häßliche Worte und auf schlecht erzogene Kameraden.

Jeder Wunsch des Einzelkindes wird ihm vorweggenommen, sein Leben ist gereinigt von Sehnsüchten, befreit von der Wonne der eigenen Unternehmungslust, des Kampfes und des Sieges.

Da es unaufhörlich in seiner Initiative gehemmt wird, hat das Einzelkind Schwierigkeiten, Kontakte mit Menschen anzuknüpfen. Nur langsam dämmert ihm die Erkenntnis, daß man in der Freundschaft wie in der Liebe geben muß, wenn man etwas erhalten will.

Die strenge Einstellung der Eltern stellt so hohe Anforderungen an die Kandidaten, die eventuell als Kameraden in Frage kämen, daß das Einzelkind schließlich ständig in der Welt der Erwachsenen bleibt, isoliert von der Welt der Kinder aufwächst, von den Eltern ständig angebetet, so daß es diese Anbetung bald als ihm zustehend betrachtet.

In der Schule gibt es häufig Klagen über mangelnde Disziplin und die Fähigkeit, sich unterzuordnen. Das kommt sowohl von dem Unvermögen, mit einer größeren Schar zusammenzuleben, als auch von dem Bedürfnis, sich frei auszuleben, Erleichterung zu spüren – als Reaktion auf die ständig auf ihn konzentrierte Aufsicht zu Hause und den Zwang, den seine Eltern ausüben. Es hat aber auch seine guten Seiten, ein Einzelkind zu sein. Die auf die Erziehung des Kindes gerichtete Aufmerksamkeit der Eltern kann optimale Voraussetzungen für die Entwicklung aller Fähigkeiten und Talente schaffen.

Die Eltern können in mancher Hinsicht die Nachteile des Einzelkinddaseins wettmachen, indem sie für natürliche Kontakte des Einzelkindes mit anderen Kindern sorgen, es ermuntern, dauerhafte Freundschaften mit den Kindern von Nachbarn oder Bekannten zu schließen, indem sie die Möglichkeiten nutzen, die ein guter Kindergarten oder eine Vorschule für das gemeinsame Spiel und für den natürlichen Wettbewerb bieten.

Das hier beschriebene Kind ist der klassische Typ des Einzelkindes, der sogenannte »Augapfel«. In letzter Zeit trifft man aber immer häufiger einen anderen Typ – das vernachlässigte Einzelkind, dem es nicht gelungen ist, die Aufmerksamkeit seiner Eltern von ihren standesgemäßen egozentrischen Interessen abzulenken und für sich zu gewinnen. In Polikliniken begegnet man nur zu oft diesem Typ des Einzelkindes, das »im Wege ist«. Die Eltern eines solchen »Einzelkindes« haben genau ein Kind zu viel. Bei ihren Interessen und Tätigkeiten nehmen sie keine Rücksicht auf seine kindlichen Bedürfnisse. Im besten Falle zwingen sie es, an ihren erwachsenen Tätigkeiten teilzunehmen, schleppen es am Samstag mit zum Friseur, am Sonntag ins Café, zum Besuch bei Bekannten, statt wenigstens manchmal mit ihm zu spielen oder Sport zu treiben.

Es kann aber noch schlimmer kommen: Ein Kind wird nach der Geburt irgendwo untergebracht, und die Eltern geben sich der Täuschung hin, daß sie ungestört ihr bisheriges Leben fortsetzen können, so als ob das Kind nicht da wäre.

Früher oder später werden sie aus dieser Täuschung erwachen.

Was sich liebt, das neckt sich

Das Kind bildet unmittelbar nach der Geburt mit seiner Mutter eine unteilbare Einheit, aber ganz allmählich erfährt es seine Andersartigkeit. Irgendwann am Ende des zweiten Lebensjahres spricht die kleine Sonja zum erstenmal von sich als »ich« und von da an gebraucht sie dieses Wort immer häufiger, zusammen mit den entsprechenden

Tätigkeitswörtern: »Ich will, ich habe gemacht, ich ziehe mich an, das gehört mir.« Zusammen mit der Hilflosigkeit des Säuglings verschwindet aus der Sprache des Kindes das ursprüngliche »Baby will«, »Sonja ist artig«.

Es vergeht jedoch noch viel Zeit, bevor die kleine Sonja noch einen weiteren Schritt vorwärts in der Beherrschung der Grammatik und – der Gesetze der Gemeinschaft macht und anfängt, die Mehrzahl zu gebrauchen. Dann sagt sie: »Wir gehen, wir bekommen, wir machen – das gehört uns – unsere Mama, unser Vati – unser Haus.« Je früher diese kleinen Wörter »wir« und »unser« den Verstand und das Gefühl unserer Kinder beeinflussen, desto früher beginnt für sie die Vorbereitung auf das Leben in der Gemeinschaft.

Die beste Schule für diese schwierige »Grammatik des Lebens« ist eine Familie mit mehreren Kindern.

Es ist gut, wenn das erste Kind nicht zu viele Jahre auf ein Brüderchen oder Schwesterchen warten muß, damit aus dem ersten »ich«, das im Alter von zwei Jahren ausgesprochen wird, schon bald ein wohlwollendes und selbstverständliches »wir« wird.

Wer im Kreis der Familie gelernt hat, die Rechte der anderen zu berücksichtigen und Schwierigkeiten zu überwinden, der wird leichter durch das Leben gehen.

Im Familienkreis der Eltern und Geschwister erwirbt das Kind die für das Leben notwendige Erfahrung.

Gerade die Rivalität der Geschwister schafft die günstigsten Voraussetzungen für die Kämpfe, die der Eintritt ins Leben mit sich bringt. In diesen Kämpfen werden nicht nur die Muskeln sondern auch die Charaktere gefestigt, aus ihnen erwächst ein gesunder Wirklichkeitssinn in der Beurteilung der Vorzüge und Fehler, der eigenen wie der anderen, sowie die Fähigkeit, sich selbst behaupten zu können, unabhängig zu werden von der Hilfe der Erwachsenen, der Eltern oder des Lehrers. Ein Feigling oder Petzer, ein Lügner oder Kriecher wird schnell und sicher erkannt und gemieden. Mit einem Sonderkredit darf man

in dieser Gesellschaft nicht rechnen. Aber ein verächtlicher Blick oder ein leichter Rippenstoß des älteren Bruders, eine spöttische Bemerkung des jüngeren haben meist viel mehr Wirkung und führen eher zum Erfolg als eine lange Predigt der Erwachsenen. Die Kinder sind sich selbst strenge Richter. Sache der Eltern ist es, darüber zu wachen, daß diese gesunden und natürlichen Kämpfe zwischen den Geschwistern und die gegenseitige Rivalität nicht in Eifersucht und Neid ausarten, daß die in der Auseinandersetzung aufflackernden Gefühle der Unsicherheit und der gegenseitigen Abneigung niemals lange andauern.
Rivalität – kleine Raufereien und Streitigkeiten zwischen den Geschwistern sind eine normale und harmlose Angelegenheit. Was sich liebt, das neckt sich.
Junge, kräftige und gesunde Lebewesen entwickeln auf diese Art, in harmlosen Kämpfen, ihren Mut und ihre Kraft. So schärfen die Tigerjungen ihre Krallen, so üben die jungen Hunde die Kraft ihrer Zähne – so tun es auch die Kinder, und zwar geistig und körperlich. Es ist das beste Training für das Leben, das doch mehr oder weniger ein Kampf ist.
Wenn die Eltern ihre Kinder lieben und vernünftig und gerecht mit ihnen umgehen, dann verwandelt sich die Rivalität schnell in ein Gefühl der Freundschaft und Solidarität, in die Fähigkeit, mit Menschen zusammenzuleben. Solange die Sicherheit der »Wettkämpfer« nicht bedroht ist, mischt man sich in ihre Raufereien und Streitigkeiten besser nicht ein. Es sei denn, sie wenden sich selbst an uns wegen eines gerechten Urteils. Dann muß das Urteil aber wirklich gerecht und völlig unparteiisch ausfallen, wenn wir uns ihr Vertrauen erhalten wollen. Gerechtigkeit ist keine leichte Sache, man muß sie lernen. Die Kinder finden sie in der unerschöpflichen Liebe der Eltern, in der Sicherheit, daß jedes von ihnen einen Teil des Elternherzens besitzt, als unumschränktes Eigentum. In dieser Atmosphäre lernen sie die schwierigen Gesetze des Zusammenlebens mit anderen Menschen.

X VERGISS NICHT, DASS DIE ERSTEN JAHRE DER KINDHEIT FÜR DAS GANZE LEBEN ENTSCHEIDEND SIND

Weder mit Drohungen noch durch Bitten

Die Erziehung eines Zweijährigen ist keine leichte Sache. Sein Eigensinn, seine unbändige Neugier und seine unüberwindliche Lust, alles zu berühren, anzusehen, und »auf seinem eigenen Standpunkt zu bestehen«, führen in der Familie oft zu Konflikten.

Ich möchte einige dieser Situationen behandeln, um zu zeigen, wie man diese unangenehmen Szenen mit Zornausbrüchen, Tränen und gegenseitigen Aufregungen vermeiden kann, die dem Kind und seinen Eltern unnötig das Leben schwer machen.

Bevor wir die konkreten Situationen besprechen, ist es gut, sich die Wahrheit zu eigen zu machen, die in dem alten indianischen Sprichwort enthalten ist: »Wer einen wilden Mustang satteln will, muß erst sich selbst zügeln.«

Ruhe, Selbstbeherrschung, konsequente Kontrolle, ob die gegebenen Anweisungen auch befolgt wurden – das ist die Grundbedingung für jede Erziehung, gleichermaßen wichtig bei der Gestaltung der Persönlichkeit des Kindes wie bei der Bändigung eines ungezähmten Rosses. Und wer weiß, ob das schlecht erzogene Kind uns nicht eines Tages unsanfter aus dem Sattel wirft als das wildeste Pferd.

Fangen wir die Betrachtung unserer Schwierigkeiten mit der von uns oft gebrauchten Formulierung an: »Das darf man nicht.« Hier sind wir uns nicht immer im klaren darüber, daß das kleine Kind erst verstehen lernen muß, was »Das darf man nicht« wirklich bedeutet. So zieht zum Beispiel Peter mit großer Kraft an dem Kabel, das von der

Lampe auf dem Tisch heruntergehängt. Die Mama sitzt bei ihrer Arbeit, sieht, was er vorhat, und sagt ohne größeren Nachdruck: »Man darf die Lampe nicht anfassen«, worauf sie sich wieder in ihre Arbeit vertieft. Aber der Teufel plagt ihn, stachelt seine Begierde an, macht ihn noch neugieriger: Was geschieht, wenn er an dem Kabel zieht, und wie zornig wird dann Mama wirklich? Das Los der Lampe ist schon entschieden. Es wird ein großes Weinen, Schreien und Schimpfen geben. Dabei könnte man es durchaus vermeiden. Für Peter, der die ersten Schritte macht, hat »Man darf nicht« noch nicht die volle Bedeutung, die ihm zukommt.

Diese muß Mama ihm sehr geduldig und ganz allmählich beibringen. Jedesmal, wenn Peter sich der »verbotenen Zone« nähert, muß sie mit ihrer Arbeit aufhören, zu ihm hingehen, ihn sogar in die andere Ecke des Zimmers führen, möglichst weit weg von dieser Lampe, und zu ihm sagen: »Die Lampe darf man nicht anfassen.«

Es ist nicht schwer, die Aufmerksamkeit eines zweijährigen Kindes abzulenken – es genügt ein buntes Bild in einer illustrierten Zeitschrift, irgendein leeres Schächtelchen..., wenn es nur etwas Neues ist, nicht eine alte ausgediente Klapper, die er schon lange nicht mehr ausstehen kann.

Und wenn Peter nun trotz diesem diplomatischen Vorgehen noch einmal eigensinnig zu der faszinierenden Lampe zurückkehrt, dann muß man ihn wieder von dieser gefährlichen Stelle wegführen und mit aller Deutlichkeit und Bestimmtheit wiederholen: »Man darf nicht...« Wenn es möglich ist, tut man gut daran, den gefährlichen Gegenstand für einige Zeit aus der Reichweite seiner Händchen zu entfernen, oder man muß das Kind ruhig aus dem Zimmer hinausführen.

Nur durch ein ruhiges und bestimmtes Verhalten macht man dem Kind klar, daß es keinen Zweifel in dieser Hinsicht gibt: »Ein Kind darf nicht mit dem Kabel spielen.«

Ein kleiner Klaps auf die unartige Hand ist manchmal schwer zu vermeiden, wenn sie sich immer wieder an dem verbotenen Gegenstand zu schaffen macht. Es gibt Dinge, die man nicht berühren darf, und dem Kind muß das ganz eindeutig klargemacht werden.

Dabei muß man Zornausbrüche, Schimpfen und lange Erklärungen vermeiden. In diesem Alter und vielleicht auch noch später haben wortreiche Erklärungen über schädliche Folgen keinerlei Erfolg. Am besten ist ein kurzes, bestimmtes Verbot.

Manchmal fordern die Mütter selbst die Kinder unbewußt heraus, sich falsch zu benehmen.

Die 18 Monate alte Katja besucht mich, ein gesundes und lebhaftes Kind, ohne böse Absichten. Plötzlich sagt ihre Mutter zu ihr: »Denk daran, Katja, bei der Tante darfst du nicht das Radio anfassen.« Natürlich hat Katja sofort einen prächtigen Einfall. Sie spürt das Mißtrauen und die Drohung in der Stimme der Mutter, ihr Widerstand wird wach, und die Kleine will nun nichts anderes, als das magische Auge in Tantes Radio an- und ausmachen.

Das Drama ist fertig.

Zum Schluß noch einen guten Tip.

Auf ein entschiedenes »nein« müssen wenigstens drei wohlwollende »ja« kommen, die den Standpunkt des Kindes bekräftigen. Dann kann es sich leichter den Anordnungen der Eltern fügen.

Dreimal ja

Meinen Rat, im Umgang mit dem Kind eine Methode auszuprobieren, die man kurz »dreimal ja, einmal nein« nennen könnte, möchte ich so verstanden wissen: Die Eltern und Erzieher sollten dem Kind positive, hilfreiche Anweisungen geben und nach Möglichkeit Verbote vermeiden die bekanntlich meistens ein »nicht« enthalten.

Hier ein Beispiel aus der ärztlichen Sprechstunde. Das

Wiegen der Zweijährigen macht den Pflegerinnen gewöhnlich viele Schwierigkeiten, jedes Kind sucht instinktiv einen Halt an der Wand, wenn es auf der schwankenden Plattform der Waage steht.

Instruktionen wie: »Halte dich nicht an der Wand fest«, »nicht die Hände hochheben« führen nicht zum Ziel, sie rufen nur Widerstand und Abneigung hervor.

Dagegen wird die Anweisung – »Gib acht, Sonja, laß deine Arme gerade herunterhängen, schön gerade ausgestreckt« – in der Regel ohne Widerrede befolgt, wobei das Kind noch die Genugtuung hat, daß es eine Aufgabe richtig ausführt. Darum geht es nämlich: Zu sagen, was und wie es etwas tun soll, und ihm im richtigen Moment die entsprechende Lösung zu bieten, mit der es auch etwas anfangen kann. Wir sollen nicht sagen, was man nicht tun soll, sondern müssen die Aufmerksamkeit darauf richten, wie man etwas tun kann und muß. Verbote rufen in der Regel Widerstand hervor, freundliche Anweisungen sind dem Kind immer sympathisch und hilfreich, sie stärken das Gefühl der eigenen Kraft und des eigenen Wertes und werden deshalb meistens gern befolgt.

So sagt man statt »Wirf den Ball nicht in Richtung des Fensters« besser »Wirf den Ball in Richtung des Gartens«, statt »Lege nicht die schweren Klötze auf das oberste Regal« – »Lege diese schweren Klötze ganz unten hin, auf den Boden«, statt »Spiele nicht beim Essen« – »Nun wollen wir zu Mittag essen«, statt »Halte nicht den Stock in der Hand, wenn du auf die Leiter steigst« besser »Ich reiche dir den Stock nach, wenn du oben auf der Leiter bist«.

Man könnte Tausende solcher Beispiele anführen – es gibt in der Tat keine Anweisung, die man nicht mit einigem guten Willen in eine positive Form umwandeln könnte.

Diese Methode ist selbst dann wirksam, wenn wir merken, daß das Kind etwas ausdrücklich aus Bosheit macht, um uns zu ärgern.

Wenn wir uns auch in diesem Fall zu einer positiven

Anweisung überwinden, schaffen wir damit die Grundlage zu einem harmonischen Zusammenleben – und das ist ja unsere Absicht. Das hat überdies den Vorteil, daß es uns veranlaßt, über die Motive nachzudenken, die das Verhalten des Kindes bestimmen. Um nämlich eine Anweisung in dieser Form geben zu können, müssen wir die Aufmerksamkeit des Kindes von dem ablenken, was es nicht tun soll, müssen jedesmal den Standpunkt des Kindes einnehmen, müssen unsere Vorstellungskraft anstrengen, um zu verstehen, was es will und welche realen Möglichkeiten es hat, unsere Anweisungen zu befolgen.

Ich weiß, daß das nicht leicht ist. Ein kurzes, ungeduldiges, manchmal auch feindseliges »nein« steht immer zur Verfügung, liegt einem auf der Zunge, aber um ein verständnisvolles, gutes und passendes »ja« zu finden, muß man oft erst nachdenken und sich bemühen.

Aber gerade deshalb, weil es nicht leicht ist, und noch mehr deshalb, weil es so nützlich für unsere Kinder und für uns Eltern selbst ist, sollten wir diese Methode üben.

Für die Kinder sind solche Anweisungen der Erwachsenen obendrein ein gutes Vorbild, das sie nachahmen können, wenn sie selbst sich bemühen, das Verhalten ihrer jüngeren Geschwister oder das Spiel von kleinen Freunden zu lenken.

Wenn schon Wettbewerb, dann auf einem anderen Gebiet

Wann hören endlich diese Scherereien mit den Windeln auf, wann werden unsere Kinder sauber?

Die Eltern sind ungeduldig, besonders weil das Töchterchen der Kusine schon seit dem sechsten Monat ins Töpfchen macht. Die Nachbarin prahlt, daß ihr reizendes Söhnchen schon fast keine Windeln mehr braucht. Wie verhält es sich wirklich? Wann kann man ein normales Kind auf das Töpfchen setzen?

Die allgemeine Antwort auf diese Frage lautet – nicht zu früh, erst muß die Kontrolle des Kindes über die Muskeln und Nerven genügend gereift sein. Ein zu frühes Training und Übung »unter Zwang« sind in diesem Fall wie in jedem anderen für das Kind nur schädlich. Wenn wir den Wettkampf lieben, dann auf jedem anderen Gebiet, nur nicht auf diesem. Vergleichen wir nicht die Kinder miteinander, denn jedes hat seinen eigenen Rhythmus des Reifens.

Und nun noch etwas Spezielles.

Das Urinlassen, ebenso wie der Stuhlgang, sind beim Säugling Reflexvorgänge, die von den Zentren unterhalb der Gehirnrinde geleitet werden, die nicht der Kontrolle des Bewußtseins unterliegen.

Allmählich beginnt jedes Kind zu merken, ob es naß liegt und spürt die Reize, die mit der Füllung und Leerung der Blase und der Därme zusammenhängen. Das kommt daher, daß die Zentren, welche diese Eindrücke von der Schleimhaut der Blase aufnehmen, in der Gehirnrinde herangereift sind.

Gewöhnlich beherrscht das Kind die Kontrolle über die Stuhlentleerung früher, aber das kommt wahrscheinlich daher, daß sich der untere Abschnitt des Dickdarms seltener und regelmäßiger füllt; das Bedürfnis, Urin zu lassen, ist häufiger und schwieriger zu beherrschen.

Man muß daran denken, daß jede Kontrolle auf diesem Gebiet, wie auf jedem anderen, erst dann stattfinden kann, wenn die entsprechenden Regelmechanismen der Reflexe und Nerven den richtigen Grad der anatomischen Reife erreicht haben.

Ähnlich wie beim Essen besteht auch hier die Aufgabe der Mutter darin, die wachsende Reife des Kindes Schritt für Schritt zu beobachten, sie in immer weitergehendem Maße zu berücksichtigen, ohne das gewöhnlich langsame Tempo beschleunigen zu wollen, mit dem physiologische Bedürfnisse auf zivilisierte Weise befriedigt werden.

Dazu müssen vier Voraussetzungen erfüllt sein:

1. Das Kind muß schon genügend entwickelt sein, um sich über den Akt der Entleerung klar zu sein.
2. Die Entleerung muß in ziemlich regelmäßigen Abständen stattfinden.
3. Die Eltern müssen die besonderen Signale kennen, mit denen jedes Kind auf seine Weise seine Bedürfnisse zu erkennen gibt. Michael hat zum Beispiel plötzlich einen konzentrierten Gesichtsausdruck, und seine Ruhelosigkeit und Beweglichkeit hören auf. Sonja errötet auf eine bestimmte Weise und schaut dabei auf einen unbestimmten Punkt. Peter ist ganz angespannt. Bärbel wird bewegungslos und hört auf zu plappern; jedes Kind weist auf seine, nur den nächsten Angehörigen bekannte Art auf dieses wichtige Ereignis hin.
4. Eine sehr wichtige Voraussetzung ist die Bereitschaft des Kindes, sich der neuen Ordnung zu fügen.

Es ist selbstverständlich, daß das Kind erst dann lernen kann, das Töpfchen zu benutzen, wenn es selbst und ohne Mühe sitzen kann – das geschieht nicht früher als am Ende des ersten, meistens aber erst in der Mitte oder am Ende des zweiten Lebensjahres.

Es ist sehr gut, wenn das Kind für diesen Zweck ein Spezialstühlchen mit Lehne und Fußstütze hat. Das unsichere Gleichgewicht und die frei in der Luft hängenden Füße sind oft ein Grund für die erfolglosen Bemühungen. Dieses Stühlchen für »spezielle Zwecke« soll keinerlei Verzierungen, Klappern, Ringe usw. haben, weil das die Aufmerksamkeit des Kindes ablenkt.

Das Kind muß so auf das Töpfchen gesetzt werden, daß seine Knie etwas höher sind als die Schenkel, in einer sogenannten Hockstellung. Das Sitzen auf dem Töpfchen darf auf keinen Fall länger dauern als fünf Minuten.

Wenn das Kind keinerlei Reize aufnimmt, die von der Füllung des Dickdarms herrühren oder von seiner Entleerung, wenn es keinerlei Erleichterung infolge des Stuhlabgangs verspürt, dann ist es besser, wenn man mit dem Training zunächst aufhört. Bei einigen Kindern fällt dieser

Zeitpunkt auf das Ende des ersten Lebensjahres, bei anderen erst auf den 18. Lebensmonat.
Mädchen reifen in dieser Hinsicht früher.
Wir kennen alle die Mütter, die plötzlich den Entschluß fassen, ihr Kind muß von jetzt ab ins Töpfchen machen, ohne Rücksicht darauf, ob es schon soweit ist oder nicht. Jede Stunde setzen sie das Kind auf das Töpfchen, und wenn es trotzdem in die Windeln macht, dann läßt es die wütende Mama oder das Kindermädchen eine halbe Stunde lang zur Strafe auf dem Töpfchen sitzen, doch dann gibt es in der Regel, wie aus Bosheit, noch mehr schmutzige Windeln. Die Situation wird verzweifelt, nervenaufreibend für die Mutter und das Kind. Nun, dann muß man die Versuche mit dem Töpfchen wenigstens um einen Monat verschieben und das mißglückte Training einfach vergessen.
Die günstigste Zeit für das Töpfchen ist morgens nach dem Aufwachen und nach einer Mahlzeit, wenn die Bewegung der Därme verstärkt auftritt und man auf ein positives Ergebnis hoffen kann.
Wenn ein Kind seine Bedürfnisse auf dem Töpfchen befriedigt hat, muß man es loben, wenn es anders gekommen ist, darf man es auf keinen Fall tadeln, es auslachen, ihm drohen usw., und auf gar keinen Fall darf man es schlagen.
Umfangreiche Statistiken bestätigen übereinstimmend, daß ein normales Kind lernt, das Töpfchen zu benutzen, selbst wenn es in dieser Richtung nicht besonders trainiert wird. Die Statistiken beweisen aber gleichzeitig auch ganz klar, daß es sich nachteilig auswirkt, wenn ein Kind zu früh und zu streng dazu angehalten wird, das Töpfchen zu benutzen. Es dauert dann länger, bis es in dieser Hinsicht selbständig wird und kann zu einer Reihe von Widerständen und ernsthaften Erziehungsschwierigkeiten führen.
Ist ein Kind frühzeitig sauber, dann kann das der Mutter für einige Monate die Arbeit des Windelwaschens ersparen.

Geschieht das aber schon im ersten Lebensjahr, dann kommt es eben meist daher, daß das Kind von der Mutter dauernd dazu angehalten und überwacht wird, aber noch nicht so sehr von der Fähigkeit des Kindes, die Funktion seiner Schließmuskeln kontrollieren zu können.

Die richtige Erziehung zur Sauberkeit ist von diesen frühen Versuchen unabhängig und verläuft entsprechend der neurologischen Reife des Kindes wie auch seiner Bereitschaft, aktiv den Anweisungen der Mutter zu folgen.

Das Bedürfnis, die »Erwachsenen« nachzunahmen, veranlaßt das Kind, sich so zu verhalten wie sie und sich um ihr Lob zu bemühen. Selbst in den Fällen extrem langsamen Reifens, hat das Kind die Herrschaft über seinen Schließmuskel spätestens im dritten oder in der Mitte des vierten Lebensjahres erlangt.

Die Kontrolle über die Blasenfunktion erreicht das Kind im allgemeinen später als die Kontrolle über den Dickdarm. Der Übergang vom unwillkürlichen Urinlassen zur kontrollierten Urinabgabe findet allmählich statt. In der ersten Stufe ist alles völlig unbewußt. Dann fängt das Kind an zu merken, daß es eine volle Blase hat, aber die Heftigkeit des Bedürfnisses macht es unmöglich die Entleerung aufzuhalten – die Windeln sind naß, bevor das Kind ruft oder zum Töpfchen kommt. Erst später erlangt es die Fähigkeit zu warten, bis es auf dem Töpfchen sitzt.

Diese Stufen zeigen sich in dem folgenden Verhalten des Kindes:

1. Das Kind merkt, daß es sich naß gemacht hat.
2. Das Kind signalisiert (auf seine Weise und zwar jedes Kind anders) seine Bedürfnisse, aber in der Regel zu spät, um es noch auf das Töpfchen setzen zu können.
3. Das Kind gibt der Mama rechtzeitig sein Bedürfnis zu erkennen und alles wird ordnungsgemäß erledigt.
4. Das Kind geht selbst zur Toilette.

Die Kontrolle der Blasenfunktion wird erst dann beherrscht, wenn das Kind schon gut laufen kann, das heißt

ungefähr im 24. Lebensmonat, wenn die Blase des Kindes so groß ist, daß eine Entleerung erst alle zwei bis drei Stunden erfolgen muß.
Bei der Erziehung zur Sauberkeit darf man sich nicht nach dem Geburtsalter des Kindes richten, sondern nach dem Reifegrad, den es erreicht hat.
Die Kinder, denen man mit großer Strenge und zu früh beigebracht hat, sich auf das Töpfchen zu setzen, reagieren darauf nicht selten mit schweren neurotischen Zuständen.
Nach der Statistik zeigen 35% der Kinder, die streng zur Reinlichkeit erzogen wurden, ernste neurotische Störungen, von den Kindern, denen man es auf sanftere Art beigebracht hat, jedoch nur 11%. Die frühe Erziehung zur Sauberkeit ist besonders häufig beim Einzelkind und Erstgeborenen, um es schnell an »Ordnung zu gewöhnen«.
Wie die Erfahrung lehrt, wird das zweite und dritte Kind in der Regel später zur Sauberkeit angehalten, mit einem geringeren Aufwand an Nervenkraft und mit einem besseren Ergebnis.
Obwohl der Reifegrad der Zentren in der Gehirnrinde, die den Schließmuskel der Harnblase kontrollieren, schon am Ende des ersten Lebensjahres erreicht ist, kommt es erst bedeutend später zur völligen Beherrschung der Funktion des Schließmuskels, nämlich erst am Ende des zweiten oder erst im dritten Lebensjahr. Das hängt in hohem Maße davon ab, wie weit beim Kind die Fähigkeit der Differenzierung und Verallgemeinerung von Nervenprozessen entwickelt ist, zu denen auch der Prozeß des willkürlichen Harnlassens gehört.
Wenn das Kind immer mehr darauf reagiert, daß es sich naß gemacht hat, so ist das ein Zeichen, daß es bald keine Windeln mehr braucht. Häufig wird die Umgebung laut auf das Mißgeschick hingewiesen, das sich wieder ereignet hat, denn die Windeln sind wieder naß (1–2 Jahre), immer häufiger erwacht das Kind auch aus einem Schläfchen oder sogar aus dem Nachtschlaf und ist noch trocken (12 bis 16 Monate).

Nach kurzer Zeit fängt das Kind selbst an zu verlangen, daß es auf das Töpfchen gesetzt wird, und zwar nicht erst, wenn schon alles vorbei ist, sondern vorher – das wohlwollende Lob der Mama ist der Faktor, der am schnellsten dazu beiträgt, daß diese physiologischen Funktionen völlig zivilisiert werden.

Das Kind lernt die Reinlichkeit auf diesem Gebiet ebenso allmählich, wie es das richtige Gehen nur allmählich lernt. Wie oft fällt es hin, bevor es richtig gehen kann, ist zeitweise zu keinem Schritt zu ermuntern und fängt doch immer wieder von neuem an. Ebenso steht es mit der Sauberkeit.

Selbst wenn das Kind schon gelernt hat, nach dem Töpfchen zu verlangen, können am Ende des zweiten Lebensjahres längere Perioden auftreten, in denen es sich wieder naß macht. Das Interesse am Spiel, die Fülle von neuen Eindrücken und Erfahrungen können die Empfänglichkeit für Reize aus der Schleimhaut der Harnblase überdecken. Wenn man das Kind sieht, wie es in sein Spiel vertieft ist und dabei krampfhaft die Knie zusammendrückt, so ist das ein Zeichen dafür, daß bald auch diese Schwierigkeiten überwunden sein werden. Es wird bald in der Lage sein, im Bedarfsfalle sein Spiel zu unterbrechen, das Töpfchen zu benutzen und dann zu seiner unterbrochenen Tätigkeit zurückzukehren.

Frühe Versuche, das Kind auf das Töpfchen zu setzen, können insoweit einen Sinn haben, als sie das Kind allmählich mit dem Anblick des »Stühlchens« vertraut machen und seine Fähigkeit, auf ihm zu sitzen, üben.

Im Alter von 9 bis 10 Monaten hat das Kind nämlich ein Verlangen nach Neuem, im Gegensatz zu der ebenso natürlichen konservativen Einstellung im zweiten Lebensjahr.

Die Nervenzentren, welche die Stuhlentleerung und die Blasenfunktion kontrollieren, reifen später als die Zentren für die Funktion des Gehens – es ist daher zu erwarten, daß das Kind erst dann bewußt lernt, das Töpfchen zu benutzen, nachdem es schon einige Monate gut gehen ge-

lernt hat. Es kommt vor, daß ein Kind, welches schon vor dem Ende des ersten Lebensjahres sauber schien, im 18. Lebensmonat die Sauberkeit wieder verlernt. Das kommt daher, daß die Sauberkeit vor dem Ende des ersten Lebensjahres eine passive Sauberkeit ist, die Folge der aufmerksamen Überwachung durch die Mutter, während die vom Willen bestimmte Sauberkeit vom Kind selbst gemeistert werden muß und durch alle natürlichen Reifegrade der neuerworbenen Fähigkeit hindurch muß. Die Beherrschung der Funktion des Schließmuskels geht bei einigen Kindern nur unter größeren Schwierigkeiten vor sich. Unter der Einwirkung von unangenehmen Erlebnissen, von Angst oder Zorn usw., kann sich der Schließmuskel gerade dann zusammenziehen, wenn das Kind auf dem Töpfchen sitzt. Zur Entrüstung der Mutter kann sich der Schließmuskel gerade dann entspannen, wenn das Kind von dem Töpfchen heruntergeht. Dann macht das Kind sich naß. Der Schließmuskel kann sich auch dann zusammenziehen, wenn das Kind zu lange gewartet hat. Die Blase ist dann zu voll, und das Kind ist nicht imstande, den Schließmuskel zu lockern.
In diesem Fall kann ein warmes Bad oder ein warmer Umschlag gute Dienste leisten.
Anfangs kann das Kind nur das eigene Töpfchen benutzen. Um Schwierigkeiten zu vermeiden, empfiehlt es sich, dieses »peinliche« Gepäckstück mit in den Urlaub zu nehmen und es auch beim Besuch der Oma dabeizuhaben.
Es ist gut, wenn die Toilette für das Kind leicht zugänglich ist, und wenn das Kind sich frühzeitig selbst behelfen kann.
Jungen haben häufiger das Bedürfnis, die Blase zu entleeren als Mädchen, obwohl sie später sauber werden.
Zum Wendepunkt in dieser Hinsicht wird der Tag, an dem es der Junge lernt, dieses physiologische Bedürfnis wie ein erwachsener Mann zu befriedigen, das heißt stehend. Er lernt es durch Nachahmung und es verstärkt in ihm das Gefühl, erwachsen zu sein. Er wird dadurch selbstzufriedener.

Aber die Forschungen der letzten Jahrzehnte haben gezeigt, daß eine frühzeitige strenge Abrichtung zur Sauberkeit schädlich ist, das möchte ich noch einmal wiederholen. Wenn ein Kind ängstlich ist oder schreit, sobald es auf das Töpfchen gesetzt wird, müssen wir für einige Zeit das Training unterbrechen, bis wir das Kind zur Mitwirkung bewegen können. Je sanfter, ruhiger und wohlwollender die Mutter ist, desto größere Anstrengungen macht das Kind, um möglichst schnell und gut mit der Aufgabe fertig zu werden.

Leider kommt es häufig vor, daß das Kind wieder rückfällig wird, wenn es schwere emotionale Erlebnisse durchstehen mußte, zum Beispiel die Geburt eines jüngeren Brüderchens oder Schwesterchens, Krankheit oder die Trennung von der Mutter, von zu Hause (wenn das Kind ins Krankenhaus oder in die Kinderkrippe kommt usw.).

Die entscheidende Rolle dabei spielt die Trennung von der Person, die das letzte Ziel aller Anstrengungen des Kindes ist – für sie bemüht es sich zu gehen, für sie vollbringt es Wunder an Geschicklichkeit, für sie auch, vor allem für sie, bemüht es sich, sauber zu sein.

Wenn die Mama nicht mehr da ist oder wenn sie aufhört, sich für das Kind zu interessieren, dann wirkt sich das immer nachteilig aus, auch in bezug auf die Sauberkeit.

Man darf das Kind nicht strafen, wenn es sich naß macht, man darf es nicht auslachen oder verspotten, man soll es auch nicht zwingen, die Spuren seines »Unglücksfalles« wegzuwischen.

Das Kind lernt – und dabei hat es Schwierigkeiten. Es muß lernen, daß es angenehmer ist, trockene Hosen zu haben als nasse, es muß erkennen und sich klar darüber werden, daß die Blase voll ist, und schließlich muß es lernen, das mit Worten auszudrücken und somit sein Bedürfnis zu befriedigen. Das Wichtigste dabei ist, dem Kind verständlich zu machen, daß es selbst für seine Sauberkeit verantwortlich ist und nicht die Mutter, daß die Initiative dafür bei ihm liegt.

Wer viel fragt, geht viel irr

»Gehst du jetzt schlafen?« fragt die Mama die schlaftrunkene Eva. »Willst du jetzt zu Mittag essen?« fragt sie den kleinen Peter. »Willst du nach Hause gehen? Vielleicht ziehst du die Handschuhe an, denn es ist kalt.« – Solche und ähnliche Fragen stellen täglich besorgte Eltern ihren jungen Sprößlingen.

Diese antworten nach der Gewohnheit der 2–3-Jährigen: »Nein, nein.« Eva geht nicht ins Bettchen, obwohl ihr die Augen vor Müdigkeit zufallen, und Peter will nicht essen, obwohl ihn der Hunger plagt, und er zieht die Handschuhe nicht an, obwohl es kalt ist.

Nein und nochmals nein.

Hier beginnt nun die Überredungskunst. Langatmige Erklärungen werden gegeben, warum es so sein muß, daß es Zeit ist, daß die Gesundheit des Kindes und die Ruhe der Mutter es erfordert usw., tausend unnötige Worte.

Das alles kann man sich ersparen. Wie? – Indem man das Kind einfach nicht nach seiner Meinung fragt in Angelegenheiten, die es nicht entscheiden kann. Das einzige Richtige in diesem Fall wäre eine einfache Anordnung – eine Entscheidung, die mit freundlicher Bestimmtheit getroffen wird.

Anordnungen in Frageform zu geben entspricht bei Erwachsenen oft lediglich ihrer Ausdrucksweise, manchmal ist es aber auch ein Zeichen für die Unsicherheit der Mutter, ob ihre Ansicht in dieser oder jener Angelegenheit richtig ist.

Die Eltern merken dabei nicht, daß sie mit ihren Fragen in der Vorstellungswelt des Kindes Verwirrung stiften, indem sie es unnötig in eine Konfliktsituation bringen.

Es hat keinen Sinn, das Kind angeblich nach seiner Meinung zu fragen, wenn es ohnehin keine andere Wahl hat und sich in der Regel so verhalten muß, wie es die Notwendigkeit erfordert.

So kommt zum Beispiel die Stunde für den Spaziergang

heran. Peter spielt, völlig vertieft in seine Bauklötze.
»Peter, bist du fertig mit Bauen?« – »Nein, Mama.« –
»Laß alles liegen, denn wir gehen spazieren.«
Ich weiß nicht, wie dieses Gespräch endete und warum
Mama überhaupt fragte, denn unabhängig von Peters Erfolgen beim Hausbau muß er sein Spiel unterbrechen und
den Mantel anziehen.
Solche Fragen stiften Verwirrung, wäre es also nicht besser, Peter einfach zu sagen: »Ein schönes Haus hast du
da gebaut, nun laß es mal so stehen. Wir gehen in den
Park, und wenn wir zurückkommen, dann baust du es
fertig.«
Peter ist gerade sehr beschäftigt, ein Schächtelchen mit
kleinen Steinen zu füllen, und nun ist gerade Zeit für das
Mittagessen. Lassen wir ihm doch das Schächtelchen mitnehmen zum Tisch. Nach kurzer Zeit ist er so beschäftigt
mit dem Essen, daß er das Spiel sein läßt und den Löffel
in die Hand nimmt, denn auch das ist interessant.
Wenn es Schwierigkeiten mit dem Baden gibt – dann muß
man den Teddybär und die Katze eben auch baden,
denn die beiden wollen keine Schmutzfinken sein. Das ist
ein Argument, gegen das sich schwer etwas sagen läßt.
Geben wir unsere Anordnungen klar, bestimmt, aber
freundlich – und bemühen wir uns, die unvermeidliche
Enttäuschung zu mildern, die sich aus der Unterbrechung
des Spiels ergibt.

Stoße ihn nicht zurück

Die Mutter ist mitten in der Arbeit, völlig ins Schreiben
vertieft, und sagt in barschem Ton zu dem dreieinhalbjährigen Jörg:
»Störe mich nicht, ich habe keine Zeit.«
Als dieser immer noch versucht, mit der Mama ein Gespräch anzufangen über das kleine Männchen, das er aus
Plastilin geformt hat, sagt sie scharf und zornig:
»Geh raus und mache die Tür zu!«

Ein enttäuschter Blick aus den Augen des kleinen Mannes, zusammengezogene finstere Brauen, das Kinn zittert. Er dreht sich um, und beim Hinausgehen sagt er mit vorwurfsvoller Stimme: »Wenn man jemanden lieb hat, dann sagt man nicht zu ihm, geh raus und mache die Tür zu!« Durch die angespannte Aufmerksamkeit und den auf die Arbeit konzentrierten Willen dringt die Stimme des Kindes.
Richtige, treffende Worte, voll enttäuschter Hoffnung, voller Vorwurf. Wenn man jemanden lieb hat...
Eine heiße Welle brandet durch das Herz. Für eine Weile wird alles beiseite gelassen, für diese paar Minuten, die nötig sind, um das Kind hochzuheben, es an sich zu drücken und zu beruhigen. »Es tut mir leid, mein Sohn, daß ich dir so häßlich geantwortet habe. Weil ich mich nicht stören lassen wollte, deshalb habe ich dich weggeschickt.
Du bist doch mein Schatz, natürlich gehen wir jetzt und sehen uns zusammen das Männchen an, das du gemacht hast.
Du weißt doch, ich habe dich lieb.«
Der Junge sitzt schon auf dem Schoß. An die Mama geschmiegt, glücklich, daß er die Welt ihrer Bücher, die seinen Besitzstand bedrohte, verdrängt hat, daß er wieder auf seinen Platz gerückt ist – so findet er die unteilbare Einheit mit der Mutter wieder, schmiegt sich an sie, mit aller Kraft, legt seine Ärmchen um ihren Hals, drückt sein Gesicht an das ihre. Eine Träne fließt auf seiner Wange – unklar, ob sie von ihm oder von ihr stammt.
Und schon ist wieder alles gut und sicher.
Nach einer Weile gleitet er mit neuem Mut vom Schoß der Mutter, um unermüdlich weiterzuforschen. Ganz unabhängig wird er in eine entlegene Ecke des Zimmers gehen und sich allein beschäftigen, aber er wird immer wieder auf die Mama hinschielen und diese wird ihm mit ihrem Blick, mit ihrem Lächeln, mit einem von Zeit zu Zeit hingeworfenen Wort, mit ihrer ganzen Person zu verstehen geben: »Ich bin bei dir, du bist tüchtig, ich bewundere deine Arbeit und ich liebe dich sehr.«

Und, o Wunder, irgendwie lernt es die Mutter, daß der Kontakt mit dem Kind sie nicht bei der Arbeit stört, und daß sogar in seiner unmittelbaren Nähe ihr Blut ruhiger kreist und ihre Gedanken klarer arbeiten. Die Worte, die aus der Feder auf das Papier fließen, bekommen mehr Kraft, die Vergleiche werden farbiger, der Kopf wird freier. Nein, es war kein Zeitverlust. Liebe ist niemals ein Verlust, sie ist immer Gewinn – und das führ beide Seiten.

Man muß wissen, daß unsere Zwei- und Dreijährigen, obwohl sie gut gehen, springen und hüpfen können, immer noch ab und zu ein heftiges Bedürfnis verspüren, sich an die Mama zu schmiegen, diesen allerengsten körperlichen Kontakt zu erneuern, der für sie die Quelle des Mutes, der Selbständigkeit und der Selbstsicherheit ist.

Unsere Zweijährigen und sogar ihre älteren dreijährigen Brüderchen finden gern in der herzlichen Umarmung ihrer Eltern diejenige körperliche Einheit, die für ihre exotischen, mit Tüchern auf den Rücken ihrer Mütter festgebundenen Brüder so natürlich ist.

»Auf den Arm« – dort vergißt die selbständige Sonja alle ihre großen Ambitionen und streckt bei jeder Gelegenheit ihre Händchen nach Mama und Papa aus. »Auf den Arm«, wenn nach langem Spielen die Müdigkeit sich bemerkbar macht, oder wenn das Kind krank ist, wenn es hingefallen ist, wenn es schläfrig ist, wenn es sich den Finger verletzt hat. Immer wenn das Leben besonders schwer ist, dann will man sich an die Mama oder an den Papa schmiegen, damit sie einen trösten ... Aber auch dann, wenn man keine Sorgen hat – wenn man zusammen durch die Allee geht – dann will Sonja auf den Arm, um besser sehen zu können, dann ist Sonja groß, so erwachsen wie die Großen. Sonja liebt es zum Beispiel, dem Vater auf den Schoß zu klettern, wenn er von der Arbeit nach Hause kommt und sich zum Essen an den Tisch setzt. Und Peter findet sich sofort bei Mutters Knien ein, wenn sie sich in eine Arbeit vertieft, sich mit etwas beschäftigt, was mit ihm anscheinend gar nichts zu tun hat.

Lassen wir uns durch Peters scheinbare Selbständigkeit nicht täuschen. Wenn er mit sich selbst beschäftigt ist und die ganze Welt vergißt, dann könnte man meinen, daß er die Mama nicht braucht, daß er sie vergessen hat und glänzend allein zurechtkommt. Es genügt jedoch, daß sich die Situation ändert, daß sich die Mama für längere Zeit in eine Arbeit vertieft, in eine Unterhaltung, daß sie liest, mit ihren Gedanken abwesend ist – und Peter reagiert sofort. Das kann er nicht ertragen, diese Verlagerung des Interessenschwerpunkts scheint für ihn ein Zurückstoßen zu sein. Er läßt das Spielzeug liegen und läuft zu Mutters Schoß. Wie groß und echt ist seine Verzweiflung, wenn die Mutter nicht sofort zu ihm herzlich und lieb ist und ihn auf den Arm nimmt.

Wenn das Kind heranwächst, nimmt das Bedürfnis nach unmittelbarem körperlichen Kontakt immer schneller ab, und seine Selbständigkeit nimmt zu. Für viele Monate und Jahre jedoch ist sein Verhalten gekennzeichnet durch immer längere Zeiten der Abwesenheit, gefolgt von ungeduldiger Rückkehr.

So gleitet also Peter vom Schoß der Mutter auf den Fußboden, irgend etwas ist ihm dort aufgefallen, irgend etwas muß er sich dort ansehen, aufmachen, berühren, in den Mund nehmen. Wenn die Forscherneugier befriedigt ist, möchte er wieder auf den Schoß.

Am schlimmsten ist die Ungeduld, das sich ständig ändernde Verhalten: einmal »auf den Arm«, nach ein paar Minuten wieder »laß mich runter«, und das viele Male.

Auf dem Fußboden breitet sich eine weite, unbekannte Welt aus, deren Geheimnisse und Gesetze er mühselig entziffern muß. Auf dem Schoß, in der Umarmung der Mutter, findet er Erholung, Sicherheit, neuen Mut. Stoßen Sie ihn deshalb nicht zurück.

Wenn er vom Spiel ermüdet ist, blickt er flehentlich nach oben, streckt die Ärmchen aus, möchte von Mama, von Papa hochgenommen werden, wird ungeduldig, wenn man ihm nicht gleich die Arme entgegenstreckt und ihn in die

sichere Wärme der eigenen Nähe nimmt, er weint, fordert, ruft. Aber nach einigen Minuten hat er schon wieder Kraft geschöpft, hat sich aufgewärmt und ist wieder ganz munter. Irgendein Gegenstand in der Zimmerecke ist ihm ins Auge gefallen, und schon geht's wieder auf die Reise, schon ist er vom Schoß heruntergerutscht, ist weg, schon wieder auf Entdeckung aus.
Wenn die Mutter ihn in diesem Augenblick festhalten wollte, würde er weinen, sich widersetzen, sich mit Händen und Füßen wehren, sich mit seinem ganzen Körper dagegenstemmen und sich losreißen, um zu seinem Spiel zu kommen.
Beim Essen, beim Spielen, in der Liebe – in allem will der zweijährige Peter, daß die Initiative von ihm ausgeht.
Deshalb ist er nicht immer entzückt von plötzlichen Ausbrüchen mütterlicher Zärtlichkeit, er kann vielleicht sogar zornig werden, wenn diese Zärtlichkeit ihn bei einer Tätigkeit stört, in die er sich ganz vertieft hat.
Aber stoße ihn nicht zurück, wenn er selbst deine Zärtlichkeit sucht.

Sei keine Schablone

Wir alle kennen Eltern, die sich ihren Kindern als Vorbild empfehlen, die jede ihrer Handlungen als Schablone hinstellen und keinerlei Abweichung davon dulden.
Wir haben alle eine gewisse Neigung, uns so zu verhalten. Wie viele Male mischen wir uns unnötigerweise in das Spiel unserer Kinder ein, nehmen ihnen den Stift aus der Hand und zeichnen anstelle ihrer kindlichen Kritzeleien ein richtiges Haus, ein richtiges Pferd. Wir formen aus Plastilin einen kleinen Krug. Wir unterbrechen im schönsten Moment das ungeordnete Aufeinanderstellen der Bauklötze und bauen auf unsere Art, nach Art der Erwachsenen. Dann fordern wir die Kinder auf: Peter, zeichne

auch so wie der Papa, Sonja, mache genauso ein Krügelchen wie die Mama.

Wenn wir so handeln, tun wir dem Kind – sicher unbewußt – fühlbar Unrecht.

Das Spiel, besonders das schöpferische Spiel, wie Zeichnen, Formen, Bauen usw., ist für das kleine Kind eine Schule der Selbständigkeit, der Ausdauer und sogar des Mutes. Durch das Spielen und durch unzählige Versuche lernt das Kind selbständig die Gesetze kennen, die seine Umwelt beherrschen.

Nicht deshalb spielt das Kind oft so ausdauernd, weil es sich damit die Zeit vertreiben will, sondern im Gegenteil, es wird so sehr vom Spiel angezogen, weil es darin die Lösung gewisser Probleme sucht und findet. Jede Lösung gibt ihm das Gefühl des Erfolgs und ist ein Anreiz für neue Versuche.

Jedes Kind erlebt dann die Freude, daß es sich »emporgeschafft« hat, es hat das Gefühl, mit sich selbst zufrieden zu sein, wie es zum Beispiel jeder Wanderer hat, der eine schwierige Strecke hinter sich gebracht oder eine steile Felswand bezwungen hat. Das Spiel ist oft gerade deshalb interessant, weil es schwierig ist. Wenn das Kind aus Klötzen ein Haus baut, einen Sandhügel aufschüttet, eine Kugel aus Plastilin formt, befriedigt es seine Neugier und gleichzeitig seinen Schöpfertrieb, der dem Menschen von den ersten Tagen seines Lebens an eigen ist: Schaffen, mit eigener Hand, selbst neue Wege finden, die Freude über einen mit Mühe errungenen Erfolg erleben, und aus jedem Erfolg die Kraft für die nächsten Anstrengungen, Forschungen und Untersuchungen schöpfen und immer mutiger der eigenen Kraft vertrauen.

Unsere ständigen Bemerkungen, wie: »Nein, das machst du nicht richtig, nein, das kannst du nicht, Vati macht das besser« rauben dem Kind die schöpferische Freude, nehmen ihm den Mut, seine Anstrengungen fortzusetzen, nehmen ihm die Freude an dem mit eigenen Kräften erzielten Erfolg.

Wenn sich diese Situation häufig wiederholt, wenn die Unternehmungslust des Kindes entmutigt wird, dann kann es schließlich nur noch passiv nachahmen. In der Schule wird man dann sagen: er weiß sich nicht zu helfen, ist schüchtern, zeigt keine Initiative und Ausdauer, schaut sich immer bei Kameraden und Lehrern nach Hilfe um. Die Bedeutung des ungezwungenen, selbständigen Spiels, das von der eigenen Initiative ausgeht, beruht nicht nur auf seinem Wert für die Erkenntnis der Außenwelt und auf der Gestaltung der Selbständigkeit. Nicht weniger wichtig ist die Rolle des Spiels als die dem Kind am leichtesten zugängliche Ausdrucksform für seinen Geisteszustand, für die oft sehr heftigen Gefühlserlebnisse, denen der Mensch in einem Alter unterworfen ist, in welchem der dürftige Wortschatz und der geringe Vorrat an gedanklichen Begriffen es ihm noch nicht erlaubt, sich in Worten auszudrücken. Die Schwierigkeiten beim wörtlichen Ausdruck beseitigt das Spiel. Das Kind drückt sich also in seinem schöpferischen Spiel aus, in seinen schwungvollen oder ängstlichen Kritzeleien, in den Zeichnungen mit überreichlicher Verwendung von grellen Farben, im Formen von Figuren mit ungewöhnlichen Proportionen. Durch sein unermüdliches Tun, Malen und Bauen drückt das Kind seine Freude und Liebe aus und gleichzeitig entlädt es auf die für sich selbst und für seine Umgebung günstigste Weise die Angst, den Groll und die Unsicherheit sowie die Gefühle der Eifersucht und der Furcht, die sich in ihm im Laufe des Tages angesammelt haben.
Die ganze Fülle der Gefühle, die täglich auf das Kind einstürmen, findet ihren Auslaß und ihre Widerspiegelung in seinem Spiel, in seinem unaufhörlichen künstlerischen Schaffen.
Ein Kind, das die Möglichkeit hat, sich frei und ungezwungen im Spiel auszudrücken, entwickelt sich besser in gesellschaftlicher Hinsicht, befolgt besser die erzieherischen Anordnungen, schließt dauerhaftere Kontakte. Es neigt weniger zu den für sich und für seine Umgebung unan-

genehmen Formen der Entladung, wie Schreien, Weinen, Stampfen mit den Füßen, um sich schlagen usw.
Zwingen wir daher dem kleinen Kind nicht von vornherein eine Schablone auf. Das aufgezwungene oder auch nur das organisierte Spiel geht am Ziel vorbei. Wenn wir die Schablone benutzen: »Kinder, macht es so wie ich«, dann versperren wir ihnen die Möglichkeit sich auszudrücken, blockieren wir die natürlichen, gesunden Kanäle, auf denen die in diesem Alter hochgehenden Gefühlswellen des Kindes abfließen müssen. Wenn das Kind eine Anordnung nachahmt oder auch nur befolgt, verliert es die Chance sich auszudrücken, verliert es gleichzeitig die Genugtuung, die sich ergibt, wenn man selbständig die eigenen Wege geht, selbständig die Hindernisse überwindet – eine unersetzliche Quelle für geistige Kraft.
Nehmen wir uns deshalb in acht und belasten das Spiel des Kindes nicht mit unnötiger Kritik und Beaufsichtigung. Lernen wir doch den Wert der farbigen Kritzelei, des grüngemalten Sandes und der ungeschickt geformten Puppe richtig schätzen. Das Kind soll auf seine Art schaffen, denn so ist es am nützlichsten für seine Entwicklung.
Das Kind soll springen und rhythmisch mit den Füßen stampfen, summen und sich wiederholen, rufen und lustig sein wie es sein Herz begehrt. Und die Nachahmung der Erwachsenen beim zweijährigen Peter soll sich nicht aus einer Anordnung ergeben, sondern soll der eigenen Initiative des Kindes entspringen, seiner Liebe und Anhänglichkeit.

Der Text ist wichtig – aber auch die Melodie

Die ersten Lebensjahre des Kindes sind die Zeit, in der das hilflose Neugeborene allmählich zu einem vernünftigen Wesen wird und sich die grundlegenden Fähigkeiten und Gewohnheiten aneignet, die den zivilisierten Menschen kennzeichnen.

Die zweijährige Sonja kann schon einen hübschen Knicks machen zur Begrüßung, und beim Abschied sagt sie ganz entzückend »ada ada«. Sie kann sich bei Tisch und in der Straßenbahn schon richtig benehmen. Wir freuen uns gleichermaßen über den »Respekt«, den der kleine Jörg für sich beansprucht, wie über seine Gewohnheit, dem Papa die Hausschuhe zu bringen, wenn er müde von der Arbeit nach Hause kommt. Wir freuen uns über seinen konzentrierten Gesichtsausdruck und über die Geste, mit der er den Finger an den Mund legt: »Still, Mama schläft ein bißchen, jetzt darf man keinen Lärm machen.«

Bärbel und Jörg wachsen unbemerkt in die Familiengesellschaft hinein, lernen es allmählich, ihr Verhalten immer mehr den Bedürfnissen anderer Menschen anzupassen. Sie tun es gern, denn die Wünsche der Erwachsenen zu erfüllen, die sie lieben und denen sie vertrauen, kann für sie eine große Befriedigung sein.

Das Kind wird erzogen vom gesamten häuslichen Milieu, von jeder deiner Bewegungen und Gesten, von jedem Wort, das du sprichst.

Eine der notwendigen Voraussetzungen, um bei der Erziehung Erfolg zu haben, besteht darin, daß wir ein empfindliches Ohr für die eigene Stimme haben, daß wir die Worte in der Gewalt haben, mit denen wir zu dem Kind sprechen, besonders dann, wenn wir unsere Unzufriedenheit, unseren Zorn, unsere Gereiztheit usw. ausdrücken. Wir alle kennen Vorgesetzte und Erzieher, die überzeugt sind, daß mit Schreien alles leichter geht.

Sie meinen, je lauter sie sprechen, desto größer wird ihre Autorität, desto größer die Aussichten, ihre Untergebenen, Schüler, Kinder richtig zu leiten. Aus unserer Erfahrung wissen wir, wie kurzlebig und trügerisch eine auf Schreien aufgebaute Autorität ist. Sowohl die Erwachsenen als auch Kinder messen den Worten und Anordnungen, die ruhig vorgebracht werden, mehr Gewicht bei. Sie wecken Vertrauen und führen leichter auf den Weg des richtigen Verhaltens.

Oft muß man mit dem Kind energisch sprechen, aber niemals darf man schreien. Das Schreien flößt dem Kind zuerst Angst ein, die sein Verhalten desorganisiert, später ruft es statt dessen entweder Trotz oder Gleichgültigkeit hervor – negative Gefühle, die für jede erzieherische Maßnahme ungünstig sind. Am meisten Erfolg hat man, wenn man das Kind auf ruhige Art direkt anspricht.

Ein deutlicher, nachdrücklicher Ton unterstreicht den Ernst der Situation viel besser, als wenn man die Stimme erhebt. Es verfehlt auch seinen Zweck, wenn man ein Kind anschreit, das sich in einer entfernten Ecke des Zimmers oder in einem angrenzenden Zimmer befindet. Wenn wir wollen, daß unsere Worte richtig aufgenommen und unsere Anordnungen befolgt werden, müssen wir ruhig, unmittelbar, aus nächster Nähe sprechen.

Und noch eins: Wenn wir mit dem zweieinhalbjährigen Jörg oder der eineinhalbjährigen Bärbel sprechen, denken wir daran, daß unsere Stimme ein Vorbild ist, das unser Kind eifrig kopiert, nach dem es selbst sprechen lernt.

Wenn also Jörg oder Bärbel die Gewohnheit annehmen, auffallend laut zu sprechen, so sollten wir nicht zornig auf sie sein, weil sie so brüllen, sondern wir sollten uns selbst kontrollieren. Vielleicht verwenden wir Erwachsenen zu häufig die volle Lautstärke, und die Kinder nehmen sich an uns ein Beispiel.

Wenn wir mit einem Kind sprechen, vergessen wir nie, daß es außerordentlich empfänglich ist für die Melodie des Wortes, für den Ton der Stimme, ihr Timbre und ihre Wärme, daß der Sinn unserer Worte bei der Verständigung mit dem Kind eine untergeordnete Rolle spielt im Vergleich zur Melodie der gesprochenen Worte.

Das zweijährige Kind erwirbt erst die Fähigkeit, die Symbolik der Worte zu verstehen – es benutzt noch in vollem Umfang die Fähigkeit des präverbalen Verstehens, daher auch die für die Erwachsenen manchmal überraschende Reaktion des Kindes auf scheinbar unmerkliche Veränderungen in der Mimik und den Gesten oder in der

Klangfarbe der Stimme, welche dem Kind unsere Gereiztheit, Ungeduld, Angst oder Gleichgültigkeit verraten, die wir vergeblich mit den gefühlvollsten Worten zu verbergen suchen.
Wenn du mit einem kleinen Kind sprichst, denk daran, daß der Text wichtig ist – aber auch die Melodie.

Zu früh in den Wettkampf

»Warum kannst du nicht so lieb und artig sein wie Michael?« – fragt die Mama mit etwas ärgerlicher Stimme den ausgelassenen, quecksilbrigen Jörg.
»Sieh dich mal an, deine Hände, du hast dich ja wieder fürchterlich schmutzig gemacht, warum kann dein Schwesterchen Bärbel in der Schule und zu Hause immer so sauber sein und du... du kommst immer schmutzig heim, die Hosenträger schleifen auf der Erde, die Knöpfe sind abgerissen, die Hände voller Tinte. Nimm dir ein Beispiel an Bärbel. Siehst du, Michael hat schon seine Suppe gegessen, nun iß auch du schnell, wer am schnellsten ißt, der ist ein lieber Junge. Wer zieht am schnellsten seine Schuhe an? Wer räumt am ordentlichsten seine Spielsachen ein?« usw.
Wie häufig wenden wir doch in der besten Absicht die Methode des Wettkampfs an, um auf diese Weise vorteilhaft das Verhalten unserer Kinder zu beeinflussen.
Wir sind dabei fest davon überzeugt, daß wir nur an den Ehrgeiz des Kindes appellieren müssen, um es so weit zu bringen, daß es sich im Hinblick auf andere bemüht, seine übermäßige Unruhe zu beherrschen. Sonja wird sich im Hinblick auf Bärbel um ihr Äußeres kümmern. Alle Kinder werden schnell ihre Suppe essen und sich schnell anziehen, so daß sie das Niveau von Michael erreichen, welcher der Tüchtigste ist. Andreas lernt eifrig, um Stefan einzuholen, dessen Erfolge zu Hause allen als Beispiel hingestellt werden.

Ist die Methode der kritischen Vergleiche und des Wettkampfs zwischen Kindern gut? Sie wird oft angewandt, sowohl von Eltern als auch von Erziehern.

Nein, meiner Meinung nach ist diese Methode nicht gut, vor allem deshalb nicht, weil damit erstens das erstrebte Ziel meist nicht erreicht wird, und zweitens, weil sie den Stolz des Kindes verletzt und in der Regel in ihm Gefühle der Abneigung und der Feindseligkeit gegen den glücklicheren Bruder, gegen die Schwester oder den Schulkameraden, den »Musterknaben«, hervorruft.

Die Empfindlichkeit des Kindes ist groß und die aufkommende Abneigung führt zur Ablehnung sowohl der Person, die diese Anforderungen stellt, als auch des ganzen Gebietes, auf dem der Bessere, Glücklichere ihm als Beispiel hingestellt wird.

»Wenn es so ist, daß Michael besser und gescheiter ist, dann hat es gar keinen Zweck, sich anzustrengen, ich bin sowieso schlechter, ich kann es ihm nicht gleichtun. Ich bin schlechter in ihren Augen, das bedeutet, daß sie mich nicht mögen.«

»Als meine Mutter anfing, über die Tugenden, den Fleiß und die Artigkeit meines Bruders zu sprechen, fühlte ich, wie Mörderinstinkte in mir erwachten« – erzählt Chateaubriand, der berühmte französische Philosoph und Schriftsteller, von seinen Erlebnissen auf diesem Gebiet. Damit erklärt er auf ziemlich drastische Weise, warum die moderne Erziehungswissenschaft dagegen ist, die Methode des Wettkampfs in einem Alter anzuwenden, in dem die unreife Persönlichkeit des Kindes noch so sehr den unumschränkten Beifall der Erwachsenen braucht.

Als Erziehungsmethode ist es nicht empfehlenswert, ein Kind mit dem anderen zu vergleichen, weder zu Hause noch in der Gruppe, zum Beispiel im Kindergarten oder in der Vorschule.

Es kommt in der Tat manchmal vor, daß wir bei einem Kind auf diese Weise eine Änderung des Verhaltens erreichen – diese Veränderung ist jedoch nicht gleichbedeutend mit einer Verbesserung. Bei solchen Vergleichen ist das Gefühl des eigenen Wertes bedroht (die Angst: werde ich es schaffen?), und seine Zuneigung zu seiner Umgebung wird beeinträchtigt. An die Stelle der Zuneigung schleicht sich die Abneigung, die Eifersucht und die Feindseligkeit ein.

Die Methode des Wettkampfs bei Kindern nach dem Schema: Wer ißt mehr? Wer zieht sich schneller an? – zeitigt gewöhnlich ein gewisses kurzfristiges Ergebnis, auf längere Sicht ist sie jedoch nicht erfolgreich. Man kann nämlich beobachten, daß Kinder, die zur Rivalität angehalten werden, sehr zanksüchtig sind und sich öfter gegenseitig schlagen als andere. Bei einem Wettkampf muß immer einer gewinnen und einer verlieren – der Verlierer fühlt sich beleidigt und gedemütigt. Der jeweilige Gewinner ist auch nicht frei von Ängsten und wird vielleicht beim nächsten Male verlieren. Falls seine Vorherrschaft nicht zu erschüttern ist, weil sie durch Alter oder Kraft gefestigt ist, kommt es bei ihm zu dem für das Zusammenleben unangenehmen Anführerhochmut. So werden durch den Wettbewerb normale soziale Beziehungen zwischen den Kindern gestört.

Für diese Methode sind unsere Kinder noch nicht robust genug. Wir trainieren sie in diesem Alter ja auch nicht im Gewichtheben und im Boxen oder im Fußball. Alles zu seiner Zeit.

Wenn Peter erwachsen und seine Persönlichkeit voll entwickelt ist, dann kann er wahrscheinlich mit den Risiken der Niederlage und auch des Sieges fertigwerden, die der Wettbewerb mit sich bringt. Zu viele Mißerfolge würden den kleinem hilflosen Peter sehr bald entmutigen, zu leicht errungene Siege dagegen würden aus ihm schon frühzeitig einen eitlen, überheblichen Angeber machen.

Man sollte den Kindern diese Schwierigkeiten besser ersparen und nach Möglichkeit Vergleiche mit anderen Kindern und eine auf den Wettkampf aufgebaute Motivierung vermeiden.

Das Kind ist von Natur aus egozentrisch und ehrgeizig und mißt seinen Erfolgen oder Mißerfolgen zu großes Gewicht bei.
Bemerkungen wie: »Ich bin stärker als du«, »mein Auto ist schneller«, »mein Mantel ist hübscher« vergrößern meist die Reibereien zwischen den Kindern und verderben das Zusammenleben.
Das Kind muß das Gefühl der Sicherheit und der Anerkennung haben, sowohl dann, wenn es an erster Stelle steht, als auch dann, wenn es den letzten Platz einnimmt: die unaufhörliche Jagd nach dem Ruhm des Anführers ist zu ermüdend.
Es ist doch klar, daß Peter schnell sein Mäntelchen anziehen muß, denn draußen ist es kalt. Aber das Mäntelchen anzuziehen kann an sich schon eine interessante und angenehme Tätigkeit sein. Eine ähnliche angenehme Beschäftigung kann für jedes gesunde Kind das Mittagessen sein, und das Händewaschen kann sogar Spaß machen.
Jede Tätigkeit kann für sich allein schon interessant sein und dem Kind Befriedigung verschaffen, aber diese Befriedigung stellt sich nicht ein, wenn Peter, Michael und Bärbel das alles schneller und besser machen.

Thomas wartet auf ein Lob

Frau Z., die Mutter des zweijährigen Thomas, schrieb aus einer fernen Stadt: »Ich bin sehr beunruhigt, Thomas will nicht essen, ist trotzig, schwerfällig, eigensinnig, mürrisch, bei ihm ist nichts von kindlicher Liebe zu spüren, er ist voller Bosheit und Widersetzlichkeit, mein Sohn ist ein geradezu abstoßendes Kind ... was ist da zu tun?«
Ein zweijähriges Kind, von dem die eigene Mutter schreibt, daß es abstoßend ist, das gibt schon allerhand zu denken. Die Beunruhigung der Mutter über den Gesundheitszustand des Kindes und seine Entwicklung ist völlig berechtigt.

Nach einigen Wochen besuchten mich beide, Mutter und Sohn, in der Poliklinik. Die Mutter ist eine junge, hübsche Frau, die sehr auf sich achtet. Sie und ihr Mann haben beide Hochschulbildung, haben eine gute Anstellung, leben in guten Verhältnissen.
Thomas ist ein armseliges, blasses Kind, trüber Blick, kein Lächeln, langsamer Gang, kleine Schritte, die Füße wie gefesselt, die Schultern leicht nach vorn geneigt.
Die Haltung und der Gang eines müden, resignierenden Menschen. Erst der Tisch mit Spielsachen erweckt in Thomas Interesse. Beim Aufeinanderlegen der Klötze und bei den ersten freundlichen Worten des Psychologen hellt sich sein Gesichtchen allmählich auf, es kommt zu einem durchaus zufriedenstellenden Kontakt, der ja für die Beurteilung der seelischen Entwicklung des Kindes notwendig ist.
Diesmal antwortete die Mutter wieder genauso wie in dem Brief, nicht eine einzige positive Beurteilung, nicht ein einziges gutes Wort findet sie für ihr Kind.
Als das Gespräch fortschritt, sah ich schon nicht mehr eine hübsche, junge Frau vor mir, sondern einen strengen Ankläger, einen rücksichtslosen Staatsanwalt und Richter in einer Person.
Thomas war von Anfang an schwierig, schlimmer als die anderen Kinder in der Nachbarschaft. Thomas liebt niemanden, macht ihr Schande und treibt sie zur Verzweiflung.
Und da Frau Z. eine gebildete Frau ist, kennt sie alle Vorschriften über Ernährung und Hygiene gut, hat sich von Anfang an streng an sie gehalten, ist niemals von den Grundsätzen abgewichen. Sie ist eine Anhängerin der strengen, harten Erziehung. Thomas wurde nicht verweichlicht, nein, das kann sie sich nicht vorwerfen. Thomas wurde nicht auf Händen getragen. Thomas wurde von Haushälterinnen erzogen, die häufig wechselten. Nein, mit Thomas spielen und Spaß machen, das ist sie nicht gewohnt, außerdem hat sie zu viel Arbeit. Mit Thomas zu

spielen könnte auch ihre Autorität untergraben. Außerdem ist Thomas ständig unartig und muß immer für irgend etwas bestraft werden.

Wenn die Mutter mit Thomas zusammen ist, dann verbringt sie die Zeit damit, daß sie das Kind ständig kritisiert, daß sie einen verzweifelten Kampf um das Spinatessen führt, wonach Thomas immer erbricht, natürlich aus »Bosheit« gegen die Mama, ebenso übrigens, wenn er Milch mit Honig und Eidotter trinkt, bei deren Anblick Thomas Krämpfe bekommt. Obendrein nimmt Thomas viele Vitamintabletten und andere Arzneimittel ein, sogar die teuersten ausländischen, denn die Mama sorgt sich um ihr Kind und gönnt ihm alles. Und Thomas lohnt es durch verstockte Undankbarkeit.

Sind alle im Hause der gleichen Meinung wie die Mama? Ja, natürlich, alle mit Ausnahme von Tante Barbara. Das ist eine Nachbarin, die Thomas sehr gern hat, zu der er sich manchmal hinstiehlt, aber Mama sieht das nicht gern, denn Tante Barbara ist eine einfache Frau, die Thomas verhätscheln möchte. Sie trägt ihn auf dem Arm, hält ihn auf dem Schoß, läßt ihn alles machen, freut sich einfach über ihn. Während der halbstündigen Unterredung wandte sich Thomas nicht ein einziges Mal an seine Mutter, lächelte sie nicht ein einziges Mal an, gab nicht ein einziges Mal durch sein Verhalten das für Kinder in diesem Alter normale Bedürfnis nach Nähe, Bestätigung und Ermunterung von seiten der Mutter zu erkennen.

Auch die Mutter hatte in dieser Zeit für das Kind nicht einen zärtlichen Blick, nicht ein freundliches Wort. Als ich auf das hübsche, gepflegte Gesicht blickte, dachte ich: Wieviel schöner wäre es doch mit einem Funken Zärtlichkeit in den Augen, mit einem liebevollen, guten Lächeln.

Wir sprachen noch lange miteinander. Die objektive Untersuchung ergab, daß Thomas keine organischen Schäden hat, daß er alle Voraussetzungen mitbringt, um sich richtig zu entwickeln, einen Bärenhunger zu haben und ein fröhliches, lautes Lachen.

Dieser Bescheid freute die Mutter. Offensichtlich liebte sie Thomas auf ihre Weise und wollte in der Tat sein Bestes. Es blieb noch die schwierige Aufgabe, diese ausgeklügelte, aus Büchern und Vorschriften geschöpfte Mütterlichkeit in eine spontane, verständnisvolle Liebe umzuformen, die allein dem Dasein des Kindes gilt, auch wenn es nicht immer den eigenen Wünschen und Vorstellungen entspricht.
Vieles beruhte sicher darauf, daß Frau Z. bisher nicht anders lieben konnte, nur kritisch, kalt, fordernd, belastend für sich und die Umgebung.
Die Sache sieht jedoch nicht hoffnungslos aus. Zum Abschied erhielt Frau Z. nur einen ärztlichen Rat: »Betrachten Sie Thomas mit Zuneigung und finden Sie jeden Tag wenigstens eine Sache, eine Tat, für die Sie Thomas loben können. Machen Sie Thomas wenigstens einmal täglich Mut, umarmen Sie ihn, bewundern Sie ihn.
Du hast dir selbst die Schuhe und Strümpfe ausgezogen, oh, du bist ja ein großer Sohn, du kannst dich schon selbst ausziehen. Du hast dich gewaschen, Thomas, wie sauber deine Hände sind. Du hast einen Zug gebaut, das ist ein schöner Zug, mit dem kannst du weit, weit fahren... Du hast mit Farbstiften gezeichnet? Wie hübsch diese rote Linie über das Blatt läuft und diese grüne hat so lustige Schnörkel...
Es gibt so viele Gelegenheiten, um zu loben.
Geben Sie ihm auf diese Weise den Glauben an die eigene Kraft wieder, die ehrgeizige Lust zu weiteren Anstrengungen, zu der Hoffnung, daß er kann, wenn er will. Es hat nichts so viel Erfolg wie der Erfolg. Und alle negativen Bemerkungen über das Verhalten und die Charaktereigenschaften von Thomas äußern Sie bitte nicht laut, sie wirken auf Thomas wie Gift. Überlassen Sie das bitte mir. Ich bitte Sie auch, alle ungünstigen Bemerkungen aufzuschreiben. Beim nächsten Besuch lesen wir sie zusammen durch und sprechen darüber.

Und noch eins – Tante Barbara laden Sie bitte so oft als möglich ein und versuchen Sie, von dieser einfachen, ungebildeten Frau diese unmittelbare Herzlichkeit zu lernen, die uns gelehrten Blaustrümpfen so oft fehlt.«
Ich verabschiedete mich von Thomas und seiner Mama.
Ich bin voller Optimismus. Ich weiß aus meiner Erfahrung, daß ein Lob das andere nach sich zieht und daß die ungünstigen Bemerkungen immer seltener werden.
Nach ein, zwei Monaten erhellt sich das Gesichtchen von Thomas durch ein Lächeln, seine Bewegungen werden selbstsicher, seine Schultern richten sich auf. Wenn er sich an der Hand seiner Mutter festhält und ihr ins Gesicht blickt, findet er dabei Hilfe, Unterstützung und den Glauben an die eigene Kraft. So wie Peter und Sonja und viele andere unserer kleinen Patienten.

Belohnung und Lob für ein Kind – das sind die besten Wege, um gute Gewohnheiten in ihm zu bilden, um den Glauben an sich selbst zu stärken und das dauernde Streben nach Beherrschung immer neuer, immer schwierigerer Fähigkeiten im menschlichen Leben und Zusammenleben zu fördern. Sie können natürlich fragen: »Aber wofür soll ich ihn denn loben?« Seit der 15 Monate alte Peter zu laufen anfing, haben wir mit ihm nur unsere Plage. Überall treibt er sich herum, den ganzen lieben langen Tag jagt er durch die Wohnung, rennt blindlings umher, stößt an alle Kanten an, schiebt die Stühle von einer Stelle zur anderen, zieht das Geschirr vom Tisch, hat Launen beim Einschlafen, oft auch beim Essen, und hat gestern eine neue, noch nicht gelesene Zeitschrift zerrissen. Er schmiert sich beim Essen voll, vergißt oft, auf das Töpfchen zu gehen und hat noch viele, viele andere Fehler. Das können wir alles unseren lieben Zweijährigen ankreiden. Wofür sollen wir sie also loben?
Gerade dafür, für das alles, was wir soeben aufgezählt haben. Wir Eltern sind nur zu leicht geneigt, das als Streiche, Schabernack oder Unarten, im günstigsten Falle als

unnötige, überflüssige Geschäftigkeit zu bezeichnen, was in Wirklichkeit ein notwendiges Entwicklungsstadium ist, eine Anstrengung für das Kind, die auch ein Erwachsener nur mit Mühe leisten könnte. Denken wir doch daran – das 18 Monate alte Kind hat soeben erst die senkrechte Körperhaltung gemeistert, neue Gesetze der Statik, neue Gesetze des Raumes, deren Aneignung ebenso schwer ist, wie für uns Erwachsenen das Gehen am Rand eines Abgrunds. Es wird von einer unverstandenen Welt umgeben, die es erst entdecken muß. Es schiebt die Stühle von einem Platz zum anderen. Wie soll es sonst erfahren, was Raum ist? Wo ist der Anfang, wo das Ende? Wo oben, wo unten? Wie ist es, wenn man nach rückwärts geht, und wie nach vorn? Sie sagen, er läuft blindlings umher. Er hat ja noch keine Vorstellung von der Entfernung, was ist nahe, was ist weit? Wie kann man seine Kräfte vernünftig einteilen? Wie muß man zielen, um dorthin zu treffen, wohin man will?

Und wieviel Mühe macht es, im Laufen die Richtung zu ändern und dabei das Gleichgewicht zu halten. Wie oft stößt Peter an die Tischkante, an die Wand, an die Kommode, bevor er lernt, in den Kurven richtig achtzugeben. So wie ein Anfänger beim Autofahren das Auto schon anlassen und ziemlich sicher geradeaus fahren kann, während es mit dem Bremsen, Wenden, Rückwärtsfahren noch nicht so gut geht. Der Nerven- und Muskelapparat von Peter ist so ein noch nicht eingefahrenes Auto, das noch dazu von einem sehr unerfahrenen Lenker gesteuert wird. Da gibt es nur eine Möglichkeit: Üben, üben! Laufen und anhalten, hinaufklettern und hinabsteigen, ziehen und schieben, keine Zeit versäumen, es sind noch so viele Dinge, die man lernen muß.

Und was verdient noch Lob? Alle neuen Errungenschaften, meine lieben Eltern! Sie freuen sich über jedes neue Wort, das Peter und Sonja aussprechen. Das ist gut so. Die Freude in Ihrem Blick ist die beste Ermunterung. Jedes Kind braucht diese Ermunterung sehr, denn es lernt, die menschliche Art der Verständigung, die menschliche Sprache zu benutzen.

Es lernt die Muskeln des Kehlkopfes, der Zunge, des Mundes zu gebrauchen – es übt und übt. Unzählige Male verbindet es einen Laut mit einem Sinn. Ma... ma.. Ba.. Ba.. lu.. lu.. gib.. opa.. ham... Am Ende des zweiten Jahres hat es schon einen Wortschatz von zwanzig Wörtern, manchmal auch mehr.

Das ist viel und muß anerkannt werden, auch dann, wenn das Wort etwas Trauriges oder Schmerzhaftes bezeichnet: aua oder a–a, einen nassen Fleck auf dem Fußboden. Die Worte haben noch einen ziemlich dürftigen Inhalt, das Gehirn ist noch nicht für das Denken gerüstet. Die Gefühle überschwemmen das Gehirn mit der Heftigkeit von Gebirgsflüssen, die im Frühjahr über die Ufer treten. Sie drücken sich eher in der Bewegung, in der Tätigkeit des ganzen Körpers aus, als im Wort.

Aber auch hierin erschöpft sich nicht das umfangreiche Programm, welches das Leben dem zweijährigen Kind stellt. Gehen, sprechen, das Töpfchen benutzen. Diese letzte Aufgabe ist häufige Ursache für Zorn und Unzufriedenheit. Die Erwachsenen sind ungeduldig, das Windelnwaschen ist beschwerlich, sie möchten möglichst schnell ein ordentliches und sauberes Kind, deshalb bitten sie zuerst, versuchen es zu ermuntern. Schnell verlieren sie die Geduld, fangen an zu schimpfen, zu strafen, zu drohen, ja sogar zu schlagen. Dabei sind gerade diese Dinge für das Kind besonders schwer. Deshalb muß man es bei einem Erfolg loben, bei einem Mißlingen nachsichtig sein.

Eine Eigenschaft von Peters Persönlichkeit möchte ich besonders hervorheben – daß er nämlich an jede Tätigkeit sehr sachlich herangeht, daß er ein inneres Bedürfnis hat, jede Tätigkeit zu Ende zu führen. Ein Bällchen wird in ein Schächtelchen gelegt, auf das Schächtelchen legt man den Deckel und drückt ihn energisch fest: »Fertig!« Ein Lichtschalter wird hin und her bewegt, eine Schublade her-

ausgezogen und hineingeschoben, eine Tür geöffnet und wieder geschlossen. Das Kind liebt Ordnung, es führt eine Angelegenheit gern zu Ende. Sonja ißt ihren Quark mit Sahne: »Fertig!« Den leeren Teller gibt sie der Mama: »Aufgegessen!«
Sie hält richtig mit beiden Händen die Tasse, beim Trinken beugt sie sich nach hinten – sie trinkt die Tasse ganz aus (dabei liebt sie es, laut zu schlürfen. Die leere Tasse will sie sofort zurückgeben. Wenn niemand in der Nähe ist, dann droht der Tasse Gefahr, Sonja kann Entfernungen noch nicht gut schätzen, die Tasse kann auf dem Fußboden landen. Sonja liebt es, mit den Fingern zu essen – eine Scheibe Schinken, ein belegtes Brötchen, manchmal sogar größere Stückchen im Gemüse oder im Brei. Natürlich kann sie schon das Löffelchen benutzen und ist sogar sehr stolz darauf, aber es geschieht nicht selten, daß sie mit den Fingern das Essen vom Teller nimmt, es in das Löffelchen legt und dieses dann zum Mund führt. Das Löffelchen faßt sie kräftig, aber noch ziemlich ungeschickt, von oben, mit der ganzen Hand. Wenn sie es in den Mund schiebt, dann hebt sie den Ellenbogen, das Löffelchen ist halb zur Seite gedreht, ihr Kopf ist nach hinten geneigt. Das Essen mit dem Löffelchen ist mühsam, Kleckern ist nicht zu vermeiden. Aber was will man machen, jede Tätigkeit ist schwer und erfordert Übung. Wenn sich Sonja so anstrengt, verdient sie dann nicht Lob? Man muß nur richtig sehen lernen, dann finden wir Hunderte von Gründen, um unsere Kinder zu loben.

Sonja und Peter, unsere lieben unruhigen Kleinen, vollenden nun bald ihr zweites Lebensjahr. Sie werden uns Erwachsenen ähnlicher und unterscheiden sich doch noch so sehr von uns, sie sind noch so sehr von uns abhängig, hängen noch so blind und leidenschaftlich an uns... sie brauchen noch so sehr unseren Beifall und unser Lob.
Ja, unser Lob... Ich komme noch einmal auf dieses Thema zurück. Denn wir Eltern haben die Kinderzeit

schon längst hinter uns, die Zeit hat das meiste aus unserer Erinnerung getilgt, die Niederlagen und die Siege, die stürmische Freude und die bodenlose Verzweiflung.
Sehen Sie sie doch an – wieviel Bewunderung, wieviel Erstaunen, wieviel grenzenloses Vertrauen und Liebe ist in Sonjas Augen, wenn sie in das Gesicht ihres Vaters schaut, der zu ihr hinablächelt. Wir sind soviel größer als Peter und Sonja, wir sind stärker, gescheiter und sehr erfahren. Diese Kraft und dieser Verstand wurden uns nicht gegeben, um zu strafen, sondern um das Kind allmählich in die schwierige Welt der Erwachsenen einzuführen. Daran müssen wir denken, wenn die kleinen Wesen an unserer Seite trippeln: Wir sind in der Tat allmächtig, unsere Liebe, unser Wohlwollen, unser Lächeln und unsere freundlichen Worte sind unentbehrlich für sie und machen jede Anstrengung leichter, jeden Traum erfüllbar.
Aber unsere Abneigung, unsere Gleichgültigkeit, unser Spott, berauben sie des Glaubens an sich selbst, nehmen das Lächeln von ihrem Gesicht, ersticken ihre Begeisterung. Sie brauchen Mut und den Glauben an die Menschen. Wir sind in der Tat allmächtig, denn eine düstere Kindheit kann mit ihren Wolken das ganze spätere Leben des Erwachsenen verdunkeln, während die Elternliebe, die man in der Kindheit erlebt hat, wie eine magische Laterne auch die dunkelste Stunde unseres Lebens erhellt.
Bei Peter zeichnen sich nun die prachtvollen Charaktereigenschaften ab, die allen Kindern in diesem Alter gemeinsam sind. Peter liebt seine Eltern heiß und innig – bemühen wir uns, diese Liebe zu erhalten. Er ist voller Begeisterung bei jeder neu errungenen Fähigkeit. Er ist ungeheuer ausdauernd und liebt es, jede angefangene Sache bis zum Ende zu führen. Diese Gaben sind später sehr nützlich für einen fleißigen Schüler, für eine vollwertige Arbeitskraft.
Was nun, wenn diese Arbeit, die Peter so begeistert, von den Eltern so wenig gewürdigt wird, oder was noch

schlimmer ist, wenn seine Begeisterung und Ausdauer sogar mißachtet werden?

Der Fleiß, der Mut und die Energie, die sich vorerst nur im Spiel des kleinen Peter äußern, werden sich später im Schreiben von Aufsätzen und im Lösen von Rechenaufgaben bewähren, vorausgesetzt, daß wir jetzt genügend Verständnis und Anerkennung aufbringen für die nicht weniger schwierigen Lebensaufgaben, die das Kind schon meistern kann und auch meistern möchte.

Die Bauklötze wurden zuerst auf einen Haufen geworfen, jetzt setzt Peter bereits vorsichtig einen Klotz auf den anderen, dann noch einen und noch einen, bis sie umfallen, dann fängt er geduldig wieder von vorn an, noch einmal. Und dann kommt eine neue Fertigkeit – ein, zwei und drei Klötze in Reihen aufzustellen. Das ist nicht nur ein großartiger Fernschnellzug, sondern der erste Schimmer der Erkenntnis auf dem Gebiet sehr schwieriger Begriffe. Das ist kein sinnloses Spiel, das ist der erste, vielleicht wichtigste Mathematikunterricht, das sollten wir nicht unterschätzen.

Und der Unterricht in Grammatik? In der Sprache ist noch nicht das Wort »ich« aufgetaucht, Peter spricht von sich noch als »Baby« und unterscheidet noch nicht zwischen männlichem und weiblichem Geschlecht – alle Kinder sind »Babies«, aber er versteht schon die Bedeutung der besitzanzeigenden Fürwörter.

Er beherrscht völlig die soeben erkannten Eigentumsrechte und liebt es, sich im Genitiv zu üben: Dieser Hut ist Vatis Hut, diese Aktenmappe ist Vatis Aktenmappe, das sind Mamas Bücher und das ist Opas Pfeife.

Peter liebt es, nützlich zu sein, jedem bringt er gern und mit ungeheuer wichtiger Miene die ihm gehörenden Gegenstände. Dabei irrt er sich niemals. Ja noch mehr: Er kann, auf das heftigste protestieren, wenn die bis jetzt anerkannte Ordnung der Dinge gestört wird. Denn Peter ist ordnungsliebend und hat sogar einen Hang zur Pedanterie, jede Sache muß auf ihrem Platz sein. Das erleichtert ihm die Orientierung in einer Welt, die so voller Überraschungen ist.

Peter hat einen ungeheuren Trieb zur Selbständigkeit und Unabhängigkeit (immer vorausgesetzt natürlich, daß Mama oder Papa in erreichbarer Nähe sind). Er kann sich schon die Schuhe, Handschuhe und Hosen ausziehen.

Das Üben dieser neuen Fähigkeit führt manchmal zu verblüffenden Ergebnissen. Wenn er für einige Zeit allein im Zimmer gelassen wird, zieht er in einem Anflug von Aktivität oft alle Kleidungsstücke aus und läuft nun nackt und bloß im Zimmer umher, wobei er fröhlich schreit und alles durcheinander wirft.

Peter weiß nicht, daß Mama es eilig hat, daß sie gerade jetzt keine Zeit hat, er tut das nicht aus Bosheit. Im Gegenteil, er sieht es als eine nicht geringe Leistung an, als eine Errungenschaft, für die ihm Anerkennung gebührt. Ein bißchen Sinn für Humor, ein nettes Wort, und Peter ist wieder zur Ordnung gerufen. Wir werden deshalb doch nicht zornig werden?

»Du kannst dich schon selbst ausziehen, Peter, das ist schön, nun zeige mal, ob du dich auch genauso schnell anziehen kannst.« Mit dem Anziehen gibt es noch viele Schwierigkeiten. Der mit größter Konzentration angezogene Strumpf dreht sich immer boshafterweise mit der Ferse nach oben, und wenn man versucht, die Hose selbständig anzuziehen, so geraten meistens beide Füße in ein Hosenbein.

Alles muß man lernen. Hab Geduld und Verständnis, Mama!

Demütige ihn niemals

Unsere Sonja und unser Peter sind noch klein, sie rutschen noch auf dem Sofa herum, sie tun gerade die ersten Schritte und ihr Anblick ruft in unseren Herzen unweigerlich Rührung hervor. Rührung ... das Echo unserer eigenen Kindheitsjahre ... Das liegt noch gar nicht so lange zurück ...

nun bin ich selbst Mutter, bin ich Vater... wie schnell das Leben vergeht... nun habe ich selbst ein Kind. Es schaut mich mit strahlenden Augen an, streckt seine Ärmchen nach mir aus, plappert, lacht, mein Kind, der beste Teil meines Ich.
Es wächst heran, und eines schönen Tages geht es mit dem Ranzen auf dem Rücken in die Schule.
Wird es Erfolg haben in der Schule? Wie wird es mit seinen Schulkameraden auskommen? Wird es ein guter Schüler sein, wird es unsere Hoffnungen erfüllen?
Peter und Sonja liegen noch sorglos in ihren Bettchen und wissen noch nichts vom kommenden Rechenunterricht und von den Schwierigkeiten der Rechtschreibung, aber die Gedanken der Eltern eilen voraus, und das mit Recht. Denn es hängt in höchstem Maße von uns ab, ob Peter und Sonja zu tüchtigen Menschen heranwachsen oder nicht. Von den ersten Tagen ihres Lebens an, durch unsere Liebe und Fürsorge packen wir gleichsam ihren Schulranzen, geben wir ihnen die Mitgift für ihr späteres Leben.
Ein Kind kam auf die Welt, und es soll nun – mit keiner Hilfe – ein Mensch aus ihm werden.
Als Säugling ist er noch ein Teil von dir, du hast ihm das Leben geschenkt, hast ihm viele Monate lang sorgsam in deinem Schoß getragen, ihm mit den Säften deines Körpers ernährt. Bis er zur Welt kam – ein Kind. Alles an ihm ist so rührend, und ruft nach Liebe und Zärtlichkeit.
Die samtene Glätte seiner Haut, die reizenden Rundungen seiner Formen, sein seidiges Haar, die rosige Frische seines Mundes, der sanfte, nach Milch duftende Atem, der warme, kräftige Griff seiner kleinen Faust, die gierige Eßlust, jeder Blick, jedes Lächeln, jede Bewegung, alles ist so ausdrucksvoll, so rührend, alles ist darauf angelegt, dein Entzücken hervorzurufen, die letzten Reste der Angst oder der Unsicherheit zu verscheuchen, dein Herz in einem einzigen, großen, allumfassenden Gefühl der Liebe zu erwärmen.
Es gibt in der Tat keine häßlichen Kinder – ich habe

viele Tausende von Kindern gesehen. Es gibt nur traurige Kinder, verwaiste Kinder, kranke Kinder, aber alle Kinder können schön sein. Die Reize, mit denen die Natur jedes Kind ausgestattet hat, haben einen tiefen biologischen Sinn, wie die Farbe und der Duft der Blumen, der Gesang der Vögel, der unwiderstehliche Reiz eines jungen Mädchens und eines stattlichen Burschen.

Alles am Kind ruft nach Liebe, das Kind braucht eure ganze Liebe, es ist begierig auf eure Zärtlichkeit, auf euer Entzücken, eure Koseworte, die anscheinend so sinnlos sind und doch so notwendig zum Leben wie Luft und Nahrung. Euer Körper schenkte ihm die körperliche Gestalt, eure Liebe wird unaufhörlich seinen Charakter formen, wird das herausbilden, was wir die Persönlichkeit des Menschen nennen. Wird es mutig sein oder feig, großmütig oder voller Neid, ausdauernd oder faul, fähig zu lieben oder selbstsüchtig und innerlich leer...? Darüber entscheidet in hohem Maße die Summe der Liebe, mit der ihr es täglich beschenkt von seiner Geburt an. Wieviel Liebe braucht ein kleines Kind? Unendlich viel und noch mehr.

Eile dich nicht so, Mutter, lege das Kind nicht so schnell nach dem Füttern ins Bettchen, laß seinen Zauber auf dich wirken, bleibe noch bei ihm. Unbewußt übst du eine wichtige Lektion, die Lektion des Sichkennenlernens... die ersten Schritte in dem Prozeß, jemand zu werden.

Du nimmst seine kleinen rosigen Hände in deine Hand, klatschst mit ihnen im Spaß aneinander...

Zärtlich streichelst du seinen Körper – »groß, groß wirst du werden, mein Sohn«. Du küßt seine kleinen Händchen und spielst mit seinen winzigen Fingerchen.

Und es gibt dir mit seinem strahlenden Blick, seinem ersten Lächeln jede Zärtlichkeit zurück. Gierig nimmt es diese lebenspendende Liebe mit allen Nerven, allen Poren seines Körpers auf.

Und so hebt sich aus den Dunkel der Unbewußtheit zunächst eine kleine, dann eine immer größere Insel des

Bewußtseins heraus. Eine unerhörte Entdeckung: »Das ist mein Körper, das sind meine Hände und Füße.« Man muß viel Kraft haben, um jemand zu werden.

»Mein Schönstes, mein Liebstes« – diese Worte werden nicht umsonst seit Millionen von Jahren von allen Müttern der Welt immer wiederholt, damit das Kind ein Mensch werden kann, der wirklich gut und schön ist.

Dann ist das Säuglingsalter zu Ende, das Alter, in dem die Gaben dieser Welt passiv entgegengenommen werden. Es beginnt die Zeit der großen Prüfungen – das Bewußtsein des »ich mache es selbst«, »ich kann das selbst« bricht in dem Kind auf wie ein Vulkan, betäubt es, macht es schwindlig. Diese Explosion der Selbständigkeit muß man verständnisvoll durchstehen, diesen heftigen Tatendrang muß man geschickt zu Verhaltensnormen umformen, die für das spätere Leben nützlich sind. Wie häufig haben wir Eltern bei unseren Erziehungsmaßnahmen gerade mit diesem zweiten Lebensjahr unsere Schwierigkeiten. Aber die Kinder müssen in diesem Alter von Natur aus laut, eigensinnig, schwierig, mit einem Wort: unausstehlich sein. Uns aber ärgert das, macht es nervös. Nicht immer haben wir genügend Vernunft und Einsicht, um die Verhaltensweise des Kindes von seinen Bedürfnissen und seinem Entwicklungsstadium aus zu betrachten. Häufig tun wir dem Kind sehr Unrecht und uns selbst auch. Ja, auch uns selbst, weil das Unrecht, das dem Kind geschieht, letzten Endes auf uns, seine Eltern zurückfällt.

Wer um jeden Preis ein artiges und gehorsames Kind haben und sein »nein« und »ich selbst« nicht akzeptieren will, der bietet meist die ganze Übermacht des Erwachsenen auf, die ganze Skala seiner Möglichkeiten: barsche Stimme, Schreien, Schlagen, Hohn, Spott, Gleichgültigkeit, Verbote und Strafen. Er erreicht schließlich, daß sich das Kind passiv diesen Anordnungen fügt. Die meiste Zeit verbringt es ruhig irgendwo in einer Ecke, zum Trost steckt es sich die Finger in den Mund, saugt daran. Das Kind ist scheinbar gehorsam geworden, es stört nicht mehr.

Aber Vorsicht! Hier stimmt etwas nicht! Leichtfertig und bedenkenlos haben wir die klare Quelle des Mutes, der Selbständigkeit und des Selbstvertrauens zugeschüttet, haben die Ausdauer und den Arbeitseifer zum Erlöschen gebracht, dessen Fehlen uns viel Kummer machen wird, wenn das Kind in die Schule geht, wenn sein passiver Gehorsam uns nicht mehr befriedigt, weil wir aktive Leistungen erwarten. Der giftige Pfeil ist die Demütigung und der Spott. In diesem kritischen Alter, einem Alter des Werdens, braucht das Kind die unerschütterliche Überzeugung, daß es einen Wert hat, daß es geliebt wird und ein Anrecht auf Anerkennung hat.

Sage mir, wie man dich behandelt, und ich sage dir, was aus dir wird. So könnte man im Hinblick auf ein Kind in diesem Alter sagen. Peter hat den Stuhl gebracht und sich selbst an den Tisch zum Essen gesetzt, er hat der Mama geholfen, das Geschirr abzuräumen – »du bist tüchtig, Peter, du hilfst der Mama« – und in der Tat wird Peters Tüchtigkeit immer größer, immer mehr wird er durch das Lob ermuntert und angespornt.

»Thomas, was hast du denn da wieder angestellt«, ertönt die drohende Stimme des Vaters – aus diesem Kind wird sicher nichts werden – »ich habe noch nie jemanden gesehen, der so ein Tolpatsch ist wie du«, so tönt es weiter, voller Abneigung. Thomas könnte auf die Frage: »Wer bist du?« nur antworten: »Niemand.« So oft werden in seiner Gegenwart die Worte wiederholt, daß niemand sich so benimmt wie er, daß man noch niemals gehört hat, daß ein Kind in diesem Alter ... usw. usw. Thomas fehlt es an der grundlegenden Anerkennung und Achtung, auf der er sein »ich« aufbauen könnte. Thomas ist also niemand.

Und der zweieinhalbjährige Markus mit dem Körperbau eines Herkules, der in der Familie eines Sportlers Anlaß zu Stolz und Freude wäre, hat sich im engen Raum eines Städtischen Kindergartens den Ruf eines Gassenjungen und Raufboldes erworben. Ein großer, muskulöser, ungewöhnlich ehrgeiziger Junge, der einen Kopf größer ist als seine Altersgenossen, und der nirgends seine überschäumende körperliche Energie austoben kann. Wenn man ihn nur ins Freie lassen wollte! Aber zu Hause oder in der Kinderkrippe ist das häufigste Ventil für seine Energie das Herumboxen – eine Kraftprobe.

Die Folgen sind fatal – »du bist ein Rowdy, du bist der Schlimmste, stell dich in die Ecke, aber erst bittest du Theo um Verzeihung, weil du ihn hingeworfen hast.« Was für eine Schande, was für eine Blamage! Auf die Frage: »Wer bist du?« müßte Markus antworten: »Ich bin ein Raufbold.« Mit seinem lauernden Blick, seinem verkniffenen Gesicht wird er die ganze Welt der Erwachsenen hassen, die ihn in Fesseln hält und ihn vor allen demütigt und verspottet.

Das kleine Kind zeichnet sich durch Begeisterung und Ehrgeiz aus, und es ist unermüdlich bestrebt, Beifall und Anerkennung zu finden. Danach müssen wir unsere Erziehungsmethoden ausrichten. Das Kind erkennt sich selbst durch die Meinung, die wir von ihm haben, durch die Gefühle, die wir ihm entgegenbringen, durch die Worte, die wir zu ihm sagen. Es möchte geliebt und anerkannt werden, darum bemüht es sich mit allen seinen Kräften. Wenn niemand es beachtet, wird es immer mutloser werden, wird den Glauben an sich selbst verlieren. Um seinen ganzen angeborenen Tatendrang voll entwickeln zu können, müssen liebevolle und wohlwollende Menschen ihm helfen.

Schenken Sie ihm den größten Schatz, den es gibt – den Glauben an sich selbst. Das gibt ihm den Mut alle Möglichkeiten, die das Leben ihm bietet, voll auszuschöpfen, alle Widrigkeiten zu überwinden, alle guten Anlagen zu entwickeln und das Böse im Keim zu ersticken.

Beherzigen Sie den einfachen Grundsatz: Hören Sie nie auf, Ihre Kinder zu lieben. Sie brauchen es. Seien Sie immer auf ihrer Seite, niemals gegen sie und demütigen Sie sie niemals.

Die frühe Kindheit – ein kritisches Alter

Die frühe Kindheit – erst jetzt hat man erkannt, wie wichtig diese Zeit für die Entwicklung des Menschen ist. Einen wie großen Einfluß die Erlebnisse in der frühen Kindheit auf die Gestaltung der Persönlichkeit haben, welche Rolle hierbei die Erbfaktoren spielen, wie stark sich die Erziehung und das soziale Milieu auswirken – das ist eine uralte Streitfrage.

Die Errungenschaften der Biologie, besonders die Erkenntnisse auf dem Gebiet der Verhaltensforschung in den letzten 20 Jahren, haben viel zu ihrer Klärung beigetragen.

Der Mechanismus für die wechselseitige Beeinflussung der Erbfaktoren und der Umwelt ist zwar noch nicht völlig geklärt. Die moderne Wissenschaft verfügt jedoch über umfangreiches Tatsachenmaterial, das darauf hinweist, daß die wahren Ursachen einer Reihe von Krankheiten und Störungen, die bis vor kurzem noch als ererbt angesehen wurden, in schädlichen Einflüssen der Umwelt zu suchen sind.

Überzeugende Beweise dafür findet man bei klinischen Beobachtungen und experimentellen Untersuchungen.

Im Jahre 1941 hat der australische Ärzt Gregg eine Reihe von Fällen veröffentlicht, in denen er angeborene Fehler bei Neugeborenen festgestellt hatte, deren Mütter in den ersten drei Monaten der Schwangerschaft die Röteln, eine anscheinend ziemlich harmlose Viruserkrankung, durchgemacht hatten. Die Fehler berafen die Augen, das Mittelohr und das Herz. Aufgrund von Greggs Beobachtungen konnte man feststellen, daß es beim Entwicklungszyklus im Mutterschoß eine Zeitspanne gibt, in der die Frucht für schädliche Faktoren besonders empfänglich ist. Beim Menschen sind das die ersten drei Monate. Es ist die embryologische Periode, d. h. die Zeit, in der sich die Organe bilden. Dabei sind die Organe am meisten gefährdet, die sich gerade in der Entstehung befinden; das sind in den ersten acht Wochen das Auge, das Mittelohr und das Herz. Der

schädliche Reiz, der zu dem angeborenen Organfehler führt, kann ein biologischer Faktor sein, wie zum Beispiel die Virusinfektion, die Gregg beschrieben hat, oder auch ein physikalischer, wie die Einwirkung von radioaktiven Strahlen. Das erschütterndste Beispiel dafür sind die bis zum heutigen Tag fortdauernden Verstümmelungen der Neugeborenen – Folgen der Atombombenexplosion in Hiroshima. Sobald die Organgenese beendet ist, das heißt sobald die Organe gebildet sind, wird der Embryo zur Frucht. Die nun schon differenzierten Organe innerhalb der Frucht sind bedeutend widerstandsfähiger.
In dieser Zeit führt eine Krankheit der Mutter nicht mehr zu Schäden an den inneren Organen des Kindes.
Ich habe in diesem Kapitel von den Forschungen über Organgenese berichtet, weil sie einen so trefflichen Vergleich bilden zur Bedeutung der frühen Kindheit: So wie die ersten drei Monate der Schwangerschaft – die embryologische Periode – die gefährdete Zeit für die Organe des Körpers sind, so sind die drei ersten Jahre des Lebens die kritische Zeit, in der sich die Psyche bildet.
Es gibt genug Tatsachen, die dafür sprechen, daß viele Störungen im Verhalten des älteren Kindes und des Erwachsenen, die man bis vor kurzem als angeboren und ererbt ansah, dem schädlichen Einfluß der Umwelt zuzuschreiben sind.
Darauf will ich noch näher eingehen, aber ich möchte gleichzeitig betonen, daß ich die Bedeutung der ererbten Eigenschaften nicht negieren will – ich sehe sie jedoch, ebenso wie die Mehrzahl der Kinderärzte, als eine vielseitige potentielle Prädisposition an, über deren endgültige Kristallisation die Umwelt entscheidet.
Der menschliche Embryo braucht eine verhältnismäßig lange Zeit für seine Entwicklung. Trotzdem wird der Mensch als eines der hilflosesten Wesen geboren, völlig abhängig von der Mutter, hilfloser als ein Küken, das sofort nach der Geburt auf den Beinen steht und sich nach Körnern umsieht, unbeholfener und schwächer als ein blin-

der Welpe. Es ist nun mal ein Naturgesetz, daß ein Geschöpf bei der Geburt um so weniger fertige Reaktionsschemen besitzt, je vollkommener es angelegt ist.
Das Neugeborene ist nur ein Geschöpf in Menschengestalt, für das die äußere Welt ein unbekannter Nebel ist. Es hat keine Gedanken, keine bewußten Gefühle. Der Hunger weckt es auf, gesättigt schläft es ein, um wieder mit einem Schrei hochzufahren – essen. Es muß alles erst erlernen: sehen und hören, nach etwas greifen und es fassen, sitzen und aufstehen, denken und sprechen...
Im Laufe der ersten drei Jahre wächst aus diesem hilflosen Wesen ein kleiner Mensch heran, der sieht, läuft, spricht und singt, der Freude und Schmerz kennt, dem die breite Skala menschlicher Gefühle nicht fremd ist: Liebe zu den Eltern, Eifersucht wegen des Brüderchens, Trauer um ein verlorenes Spielzeug, Neid und Mitgefühl.
Drei, vier Jahre menschlichen Lebens vom ersten Hungerschrei bis zum ersten bewußten, stolzen »ich«, das sind die Jahre, in denen sich der Mensch herauskristallisiert.
Das anatomische Äquivalent dieser Tatsache ist die eindrucksvolle Zunahme des Gehirngewebes.
Während eines Menschenalters nimmt das Gewicht des Gehirns um das Vierfache zu, drei Viertel dieser Zunahme fallen auf die ersten vier Lebensjahre, in den folgenden Jahren bis zur vollen geistigen Reife steigt das Gehirngewicht nur noch um 25%.
Außerdem findet in dieser Zeit im Gehirngewebe ein Prozeß statt, der Myelinisation heißt – die bloßen und noch wenig leistungsfähigen Nervenwege des Neugeborenen bedecken sich allmählich mit einer Hülle, dem Myelin. Dieser Prozeß, der in hohem Maße die volle Funktionsfähigkeit des Gehirns bedingt, weist auf die Abhängigkeit von Umweltreizen hin.
Diese theoretischen Überlegungen finden ihre Bestätigung in klinischen Beobachtungen der Kinderärzte und Psychologen.
Welches sind nun die klinischen Beweise dafür, daß die

menschlichen Eigenschaften, deren sich die Gattung Homo sapiens rühmt, nämlich: aufrechte Körperhaltung, Geschicklichkeit der Hände wegen des gegenüberstehenden Daumens, Beherrschung der Sprache und Fähigkeit zu abstraktem Denken, keine angeborenen, sondern erworbene, erlernte Fähigkeiten sind, die – dem Kind teilweise unbewußt – von der Umwelt übermittelt werden? Erschütternd ist in dieser Hinsicht die Geschichte von zwei Hindumädchen, Kamali und Amali, die im Säuglingsalter von einer Wölfin geraubt und von ihr gefüttert und aufgezogen wurden. Ein Hindu-Missionar fand sie im bengalischen Dschungel. Sie waren damals ungefähr acht Jahre alt und erinnerten mehr an die Wölfin, die sie erzogen hatte, als an Menschen, die ihnen das Leben geschenkt hatten. Sie bewegten sich nach Wolfsart, aßen nach Wolfsart. Die senkrechte Körperhaltung und das Greifen war ihnen fremd, sie konnten nicht sprechen und befriedigten ihre physiologischen Bedürfnisse nach Art der Wölfe. Wie die Wölfe hatten sie auch einen feinen Geruchssinn und die Fähigkeit, im Dunkeln zu sehen entwickelt.

Die Bemühungen, diese achtjährigen Mädchen zu Menschen zu machen, führten zu keinem positiven Ergebnis. Das erste starb nach einem Jahr, das zweite nach sieben Jahren. Aber auch diesem konnte man lediglich die Fähigkeiten beibringen, die dem Niveau eines zweijährigen Kindes entsprachen. Es erinnerte bis an sein Lebensende mehr an eine in Gefangenschaft gehaltene Wölfin, als an ein menschliches Wesen.

Die Geschichte von Amali und Kamali ist ein deutlicher Beweis dafür, inwieweit das Verhalten des Menschen erworben und erlernt ist und was für eine große Rolle in dieser Hinsicht die frühe Kindheit spielt. Die in den ersten Jahren angenommenen wölfischen Gewohnheiten konnte Kamali im Laufe der sieben Jahre, die sie unter Menschen verbrachte, nicht mehr ablegen.

Weniger drastisch, aber dafür sehr zahlreich und in sozialer Hinsicht außerordentlich wichtig sind die klinischen Beobachtungen bei Kindern, die früh ihr Elternhaus verloren und in einer Anstalt erzogen wurden. Selbst wenn diese Kinder in den besten materiellen und hygienischen Verhältnissen leben, zeigen sie doch oft beunruhigende Symptome einer geistigen Unterentwicklung und emotionelle Störungen.

Diese Tatsache wurde mehrere Jahrzehnte lang nicht richtig ausgelegt. Die geistige Unterentwicklung der Kinder wurde durch ihre ungünstige Herkunft erklärt. In die Waisen- und Findelhäuser kamen vor allem Kinder von Alkoholikern, Geisteskranken, Dirnen usw.

Deshalb erklärte man die Störungen bei Anstaltskindern vor allem mit ihrer erblichen Belastung.

Die Erfahrung der letzten Jahrzehnte hat jedoch gezeigt, daß diese Annahmen falsch sind, daß die meisten körperlichen und seelischen Krankheiten eines in der Anstalt erzogenen Kindes durch mangelnde und fehlende mütterliche Obhut verursacht wurden. Sie werden dadurch ausgelöst, daß das Band zwischen dem Kind und der erwachsenen Person, die ihm Liebe und Zärtlichkeit entgegenbringen sollte, ihm das Gefühl der Geborgenheit vermitteln müßte – und das ist gewöhnlich die Mutter – frühzeitig zerrissen wurde. Der erste, der den Mut hatte, dieses Problem in seiner sozialen Bedeutung zu sehen, war der sowjetische Wissenschaftler Ščelowanow, der Begründer der Pädagogik des frühesten Kindesalters. Die Ergebnisse seiner Tätigkeit und die Forschungen der eng mit ihm zusammenarbeitenden Frau Dr. Askarina haben seit 1937 zu einem Umschwung in der Sowjetunion hinsichtlich der Ansichten über emotionelle und seelische Bedürfnisse des kleinen Kindes geführt. Wenige Jahre später wurden die Störungen in der psychischen Entwicklung des Kindes ohne Elternhaus auch von westlichen Wissenschaftlern untersucht.

Die tragischen Folgen des Zweiten Weltkriegs trennten Tausende von Kindern von ihren Müttern – evakuierte Kinder, Waisenkinder, Kinder von arbeitenden Müttern

füllten die Waisenhäuser, die Bewahranstalten, die Kinderkrippen.
Diese Kleinkinder drückte nicht der Makel der erblichen Belastung, aber auch bei ihnen führte die frühzeitige Trennung von der Mutter und der Familie zu ähnlichen Störungen, wie man sie früher bei Kindern mit angeblich schlechter Erbmasse festgestellt hatte.
Im Jahr 1951 zählte der amerikanische Wissenschaftler Bowlby in dem Bericht der Weltgesundheitsorganisation mit dem charakteristischen Titel »Maternal Care and Mental Health« (demnächst deutsch als Taschenbuch im Kindler Verlag München) die Umweltfaktoren auf, die für den richtigen Verlauf der Reifungsprozesse von entscheidender Bedeutung sind.
Wenn ein Säugling oder ein Kleinkind teilweise oder völlig der natürlichen emotionalen Bindung beraubt wird, die mit der mütterlichen Obhut und der Erziehung in der Familie zusammenhängen, so führt das nicht nur zu einer deutlichen Verzögerung und zu Störungen in der seelischen Entwicklung des Kindes, sondern es bleibt in den meisten Fällen eine dauerhafte Spur zurück, ein angeborener geistiger Mangel, vergleichbar mit den Fehlern an den inneren Organen während der Embryogenese. Diese geistigen Schäden äußern sich vor allem in dem Unvermögen, dauerhafte Gefühlsbindungen mit anderen Menschen zu knüpfen, was diese Individuen oft in die Reihen der Asozialen und Verbrecher treibt. Diese Gefühlsasthenie ist außerdem oft von einer geistigen Unterentwicklung oder einer Störung in den intellektuellen Fähigkeiten begleitet. Es handelt sich um die Unfähigkeit, sich zu konzentrieren und die Aufmerksamkeit auf etwas zu richten, um verspätetes Sprechenlernen, um ein zu schwach entwickeltes Gefühl für die objektive Beurteilung der Wirklichkeit, um zu viel Phantasie bei völligem Fehlen einer kritischen Beobachtungsgabe, um die Unfähigkeit zu abstraktem Denken und zu logischen Schlußfolgerungen.
Diese Individuen sind eine Gefahr für die Gesellschaft,

nicht nur, weil sie sich eindeutig asozial verhalten. Wie statistische Untersuchungen zeigen, werden aus den vernachlässigten Kindern ohne Elternhaus später oft Väter und Mütter von vernachlässigten, unglücklichen, seelisch kranken Kindern.

Diese Gefühlskrankheit ist also übertragbar, sie ist eine gefährliche soziale Seuche, die man bekämpfen muß.

Eine dauerhafte Bindung zwischen dem Kind und der es liebenden und beschützenden Mutter, die Anwesenheit des Vaters, der dem kleinen Menschen das Gefühl der Sicherheit gibt, das heißt also eine vollständige, harmonisch zusammenlebende Familie (seine leibliche oder eine angenommene), sind nach den Erkenntnissen der modernen Wissenschaft der Kristallisationspunkt, aus dem sich das Menschsein, das Menschlichsein herausbildet, das die Voraussetzung für unsere Gesellschaftsordnung ist.

Die Wissenschaft betont deshalb mit allem Nachdruck, daß die Institution der Familie für die Entwicklung unserer Kultur von größter Wichtigkeit ist. Sie verdient volle Hochachtung und weitgehende Unterstützung. Die Wissenschaft verlangt außerdem, daß man die Grundsätze, nach denen man die Obhut über Kinder ohne Elternhaus ausübt, den neuen Erkenntnissen anpaßt, indem man die möglichst frühe Adoption erleichtert oder kleine Heime vom Familientyp einrichtet und die bestehenden Anstalten für kleine Kinder pädagogischer Fachaufsicht unterstellt.

Meine persönliche Erfahrung bestätigt die Beobachtungen dieser Wissenschaftler in jeder Hinsicht: Die frühe Kindheit ist die Zeit der Psychogenese, die entscheidenden Einfluß auf die endgültige Gestaltung der menschlichen Persönlichkeit ausübt.

NAMEN- UND SACHREGISTER

Abhängigkeit 71
Abhärtung 21, 91
Abschirmung 118
Adoption 171
Ängstlichkeit 90
Albumin 46
Allmacht der Eltern 157
Alter, biologisches 37
Anerkennung 164
Anfälligkeit des männl. Organismus 36
Angeborene Verhaltensweisen 27
Angst 97 ff., 133, 145
 – übertriebene A. 111
Anlagen, angeborene 28
Anordnungen 135 f.
Anpassung an die Gesellschaft 92 f.
Anweisungen, positive 124
Appetitmangel 62 ff.
Askarina, Dr. 169
Autorität 144

Bare 34
Beeinflussung 78
Beißreflex 53
Belohnung 153
Bewußtsein 162
 – des Andersseins 88, 119
Bowlby, John 170

Cephalocaudales Gesetz 27

Charakter 94
Chromosomen 33

Darwin, Charles 9
Daumenlutschen 48
Denken, Fähigkeit des 66
Differenzieren von Nervenprozessen 131
Disziplin, mangelnde 118

Eifersucht 105, 116, 148
Einzelkind 117 f.
Elternhaus, Verlust des 169
Elternliebe 28 f.
Embryogenese 170
Emotionale Spannung 111
Empfindlichkeit des Kindes 147
Entwicklung 23 ff.
 – des Gedächtnisses 95
Entwöhnung von der Mutter 107
Ernährung, Etappen der 52 f.
Ernährungsreife 54
Erstgeborene 110
Evolution 9 f.

Fähigkeiten, motorische 81
Faktoren, seelische 62
Familie, intakte 11, 39, 171
Fehlverhalten 108
Fingerlutschen 55 f.
Freude, schöpferische 141

Gedächtnis, Entwicklung des 95
Gefühle, altruistische 32
Gefühlsasthenie 170
Gefühlsatmosphäre 90
Gefühlssphäre, Schädigung
  der 18
Gehirn, anatomische Reifung
  des 24
Geistige Unterentwicklung 169
Geschlecht des Kindes 33
Geschlechtliche Persönlichkeit 40
Gesellschaft, Anpassung
  an die 92
Grundnahrungsmittel 51

Hemmungsmechanismen 101 f.
Hospitalimus 14

Identifikation, geschlechtliche 42
Initiative 142
Isolierung 117

Kindheit, frühe 165
  – verlängerte 11
Kontakt, körperlicher 138
  – zwischen Mutter und
    Kind 31
Kontakte, gesellschaftliche 93 f.
  – mit Erwachsenen 111
»Kleckern« 84 f.
Konservativismus 63 f., 104
Kontrolle der Blasenfunktion 130

Lebensfreude 101 f.
Lob 149 f.

Milieu, häusliches 144

Mißerfolg 26
Motorische Fähigkeiten 81
Mut 89
Mutterinstinkt 1 ff., 29
Muttermilch 44 ff.
Myelinisation 167

Nachahmung 39 f., 79 f., 143
Nahrung 44, 62
Neid 109
Nervenprozesse, Differenzieren
  von 131
Neurotische Störungen 131

Ordnung 156
Organgenese 165 f.

Pedanterie, Hang zur 158
Physiologische Reife 51
Positive Anweisungen 124
Potentielle Prädisposition 166
Präverbale Verständigung 20 ff.,
  145
Prototyp, männlicher 42
Psychogenese 171
Pubertät 38

Reaktionsschemen, fertige 167
Realitätssinn 77
Reflexe, bedingte 95
Reife 131
  – anatomische 127
  – geschlechtliche 25
  – neurologische 130
  – physiologische 51
Reifung 24
  – der Verdauungsorgane 52
Reize, biologischer Sinn der 161
  – kinästhetische 49

Ritual 58
Rivalität der Geschwister 106, 120 f.
Rüsselreflex 53

Sauberkeit 86, 126, 130 f.
Saugreflex 60
Schädigung der Gefühlssphäre 18
Schlafstörungen 22
Schnuller 57 f.
Schöpfertrieb 141
Schreien 144 f.
Ščelowanow 169
Seelische Faktoren 62
Selbstbeherrschung 122
Selbständigkeit 72 f., 82 f., 87, 90, 101, 107, 141, 159, 162
– scheinbare 139
Sicherheitsgefühl 97, 149
Spannungen, emotionale 111
Stillen 46 f.
Störungen, neurotische 131
Strafe 61, 116
Stuhlentleerung 127 f.

Traurigkeit 102
Trennung von der Mutter 73

Umarmungsreflex 12
Umwandlungsprozeß 75
Umweltfaktoren 170
Ungeduld 139
Unsicherheit der Mutter 135
Unterentwicklung, geistige 169
Unternehmungslust des Kindes 142
Unterschiede, biologische 37

Verbote 122 f.
Verhaltensweisen, angeborene 27
Verlust des Elternhauses 169
Verständigung, präverbale 20 f.
Verwaisungssyndrom 14
Verweigerung des Essens 16

Wachstumstempo 68
Waisenkrankheit 13 ff.
Weinen 21 f.
Wettkampf 146 f.
Wirklichkeitssinn 120

Zärtlichkeit 49, 108, 140
Zawadzki, Prof. Bohdan 49